12 Pieces = 22 Outfits

Kombinier dich glücklich mit deiner selbstgenähten Basisgarderobe

Inhaltsverzeichnis

ONLINE-VIDEOS

Die Videos zu diesem Buch stehen in Ihrer Digitalen Bibliothek unter **www.topp-kreativ.de/digibib** nach erfolgter Registrierung zum Anschauen bereit. Den Freischalte-Code finden Sie im Impressum.

Dieses Symbol zeigt Ihnen, wo ein Video zur Verfügung steht.

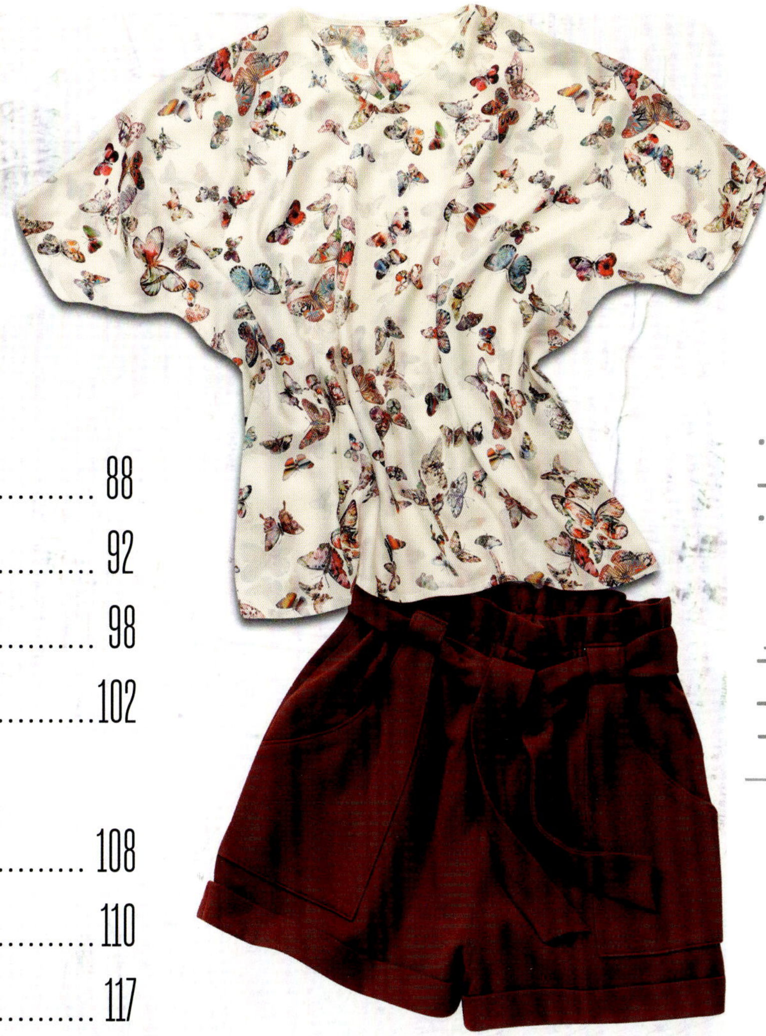

Vorwort

Wie oft haben Sie schon vor Ihrem Kleiderschrank gestanden und sich die Frage gestellt: *„Was ziehe ich heute an?“* Sicherlich unzählige Male. Hat man sich dann wenigstens für ein Kleidungsstück entschieden, sei es Rock, Hose oder T-Shirt, steht man erneut vor dem Schrank und fragt sich: *„Und was kombiniere ich damit?“*

In diesem Buch haben wir für Sie aus 12 Kleidungsstücken 22 Outfits zusammengestellt, die zeigen, dass es nicht viel benötigt, um aus einer Basisgarderobe spannende und abwechslungsreiche Looks zu kreieren. Zu jedem Outfit erhalten Sie Tipps, wie die verschiedenen Teile gestylt werden können. Nutzen Sie die Seiten als Inspiration und probieren Sie sich selbst beim Kombinieren aus. Denn Mode soll Spaß machen und dazu beitragen, dass Sie sich wohlfühlen.

Die Nähanleitungen für die 12 Modelle finden Sie im Anschluss an die 22 Outfits. Alle Modelle sind ausführlich beschrieben – unerfahrene Näherinnen starten am besten mit den als „leicht“ gekennzeichneten Modellen, erfahrene Näherinnen können gleich mit den herausfordernden Anleitungenstarten und sich zum Meisterstück vorarbeiten.

Im zweiten Teil des Buchs finden Sie die wichtigsten Nähtechniken in einem kleinen Grundkurs erläutert. Damit jedes Modell gut gelingt, gibt es für kniffligsten Nähtechniken, wie Reißverschluss einnähen, Knopfleiste anbringen und Innenfutter einarbeiten, Video-Tutorials.

Schwierigkeitsgrad:

leicht

mittel

schwer

jedes Teil dein eigener Style

Kombinier dich glücklich!

Fast kein anderer Rock ist so vielfältig einsetzbar wie der Faltenrock, denn er lässt sich mädchenhaft, lässig, streng, sexy oder auch sportlich stylen. Mit T-Shirt, sportlichen Flats und Rucksack ist ein alltagstauglicher Look schnell kombiniert – und mit knalliger Statement-Kette wird das Outfit zum absoluten Hingucker. Bei Statement-Schmuck gilt: Je auffälliger der Schmuck, umso mehr sollte sich das Outfit zurückhalten.

Ein flacher Schuh verkürzt prinzipiell das Bein, aber mit kleinen Tipps zur richtigen Schuhwahl wird die Silhouette nicht gestaucht. Vermeiden Sie komplett runde oder eckige Kappen, und wählen Sie keine Schuhe, die die Knöchel verdecken. Die Schuhe sollten eine relativ dünne Sohle haben und nicht zu stark gemustert sein. Auch Söckchen verkürzen das Bein und sollten lieber vermieden werden.

Rot macht gute Laune! Die eher schlichte Kombination aus weißem Faltenrock und grau-blauem Wasserfall-Longsleeve verwandelt sich durch die farblichen Akzente zu einem stylishen Abendoutfit, um in einer Bar einen Cocktail zu trinken. Schuhe, Tasche, Gürtel und Lippenstift bilden eine farbliche Einheit und runden somit das Outfit ab. Achten Sie besonders bei roten Accessoires darauf, dass die Rottöne miteinander harmonieren.

QUATSCH COMEDY CLUB
DIE LIVE SHOW
NON STOP STAND UP
Markus Barth
19.10.

Tuniken versprühen einen Hauch von Sommer, Sonne und Urlaub. Stylen Sie deshalb eine Tunika eher immer lässig und verzichten Sie auf High-Heels. Ganz puristisch gestylt entfaltet die Tunika ihre größte Wirkung. Kombiniert mit einer edlen Jogginghose, mit einem Gürtel in Form gebracht, flachem Schuh und wenig Schmuck tragen Sie den Sommer auf der Haut und interpretieren ein traditionelles Kleidungsstück neu.

Hier wird edel und verspielt gemixt: Spitzen-Ballerinas, eine leichte Korbtasche und die zarte Tunika mit Schmetterlingen wird kombiniert mit dem eng sitzenden Bleistiftrock. Der formende Gürtel um die Taille ist wichtig, um der wallenden Tunika Form zu geben und eine schöne Silhouette zu erzeugen.

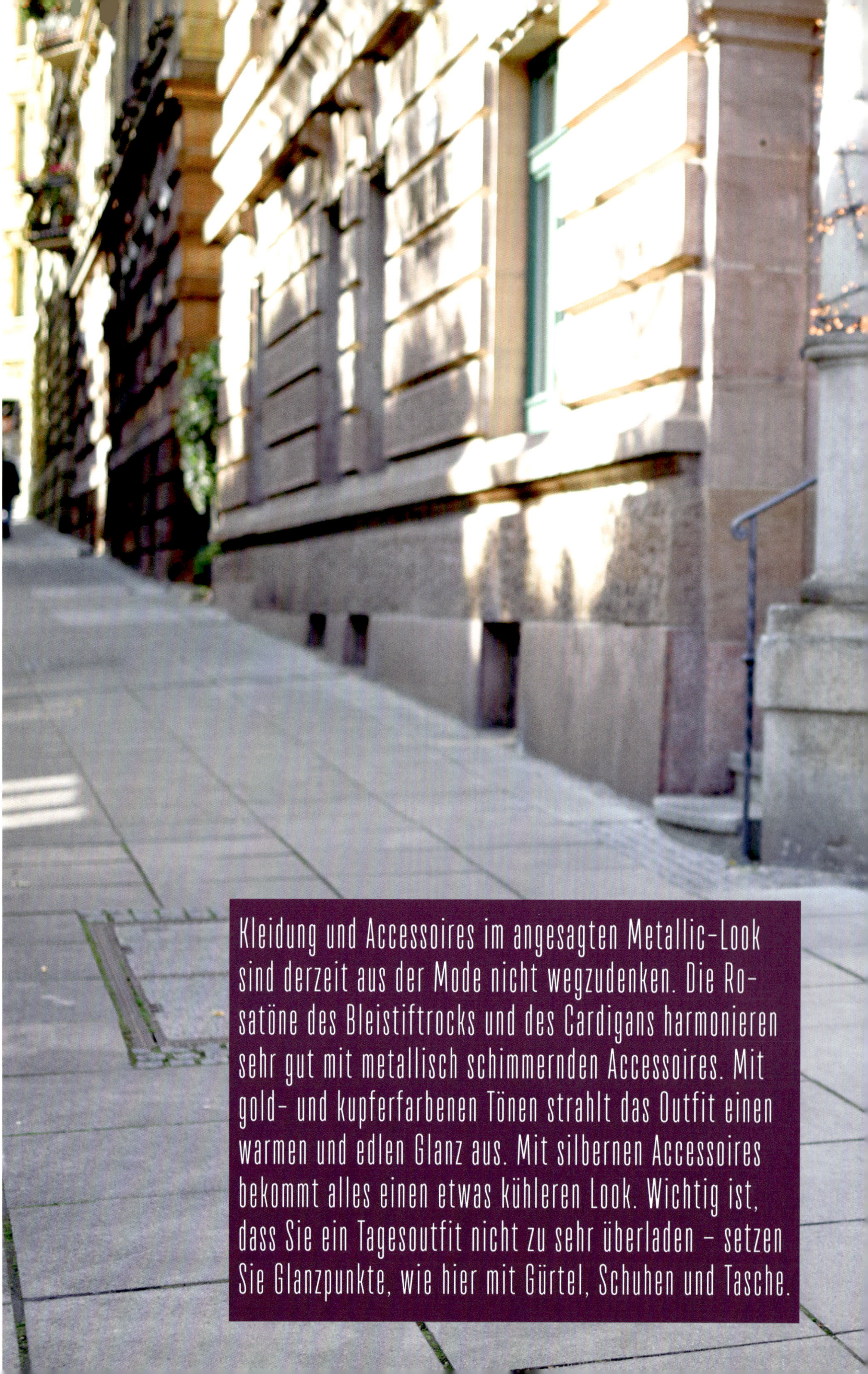

Kleidung und Accessoires im angesagten Metallic-Look sind derzeit aus der Mode nicht wegzudenken. Die Rosatöne des Bleistiftrocks und des Cardigans harmonieren sehr gut mit metallisch schimmernden Accessoires. Mit gold- und kupferfarbenen Tönen strahlt das Outfit einen warmen und edlen Glanz aus. Mit silbernen Accessoires bekommt alles einen etwas kühleren Look. Wichtig ist, dass Sie ein Tagesoutfit nicht zu sehr überladen – setzen Sie Glanzpunkte, wie hier mit Gürtel, Schuhen und Tasche.

Der Rock für alle Fälle: knielang, eine hohe Taille und schmal geschnitten – der Bleistiftrock ist ein wahrer Figurschmeichler. Ob schlank oder mollig, diesen Rock kann jede Frau tragen. Stecken Sie weite Oberteile in den Bund um Ihre Figur zu modellieren – noch einfacher lässt sich keine Sanduhr-Silhouette erzeugen. Dass der Bleistiftrock nicht nur schick sein muss, zeigt sich hier: Mit Turnschuhen und T-Shirt ist es der perfekte Look für ein Treffen mit Freundinnen auf einen Kaffee in der Stadt.

Sagen Sie Ja zum Hut – denn dieses Accessoire ist nicht nur ein Blickfang und wertet jedes Outfit auf, es hilft sogar bei einem „Bad Hair Day". Und wenn es plötzlich anfangen sollte zu regnen, schützt er sogar gegen die Feuchtigkeit. Der Fedora [so nennt sich der hier gezeigte Hut] passt zu jeder Gesichtsform und ist auch für Hut-Neulinge der ideale Start. Bei diesem Outfit sollte der Hut nicht der Star sein, deshalb ist hier die Wahl auf einen blauen Hut gefallen, der die Hauptfarbe des Outfits aufgreift.

Etwas derbere Stiefeletten und Bleistiftrock, das hört sich nach einem Widerspruch an, aber das ist es ganz und gar nicht. Diese beiden Komponenten passen wunderbar zusammen. Der Kontrast zwischen dem zarten rosafarbenen Rock und den kräftigen braunen Stiefeletten macht die Kombination erst interessant. Greifen Sie die Farbe der Schuhe in einem weiteren Accessoire auf und schaffen Sie so eine Klammer. Hier findet sich die Farbe im Hut wieder.

Bleistiftrock, geblümte Seidenbluse und goldene Accessoires – die absolut klassischste Art und Weise einen Bleistiftrock zu tragen. Durch die offenen High-Heels wird die Figur gestreckt, die eingesteckte Bluse betont die Taille vorteilhaft und die goldenen Highlights erzeugen einen edlen Look. Das perfekte Abendoutfit für einen stilvollen Musicalbesuch mit Familie oder Freunden.

Der zeitlose Klassiker unter den Kleidern ist das Etuikleid. Ob im Büro, während eines Stadtbummels oder auf einer Dinnerparty, mit diesem Kleid kann man nicht falsch liegen. Möchten Sie es im Büro tragen, aber lieber keine nackten Arme zeigen, lässt sich das Kleid ideal mit dem langen Jersey-Cardigan kombinieren.

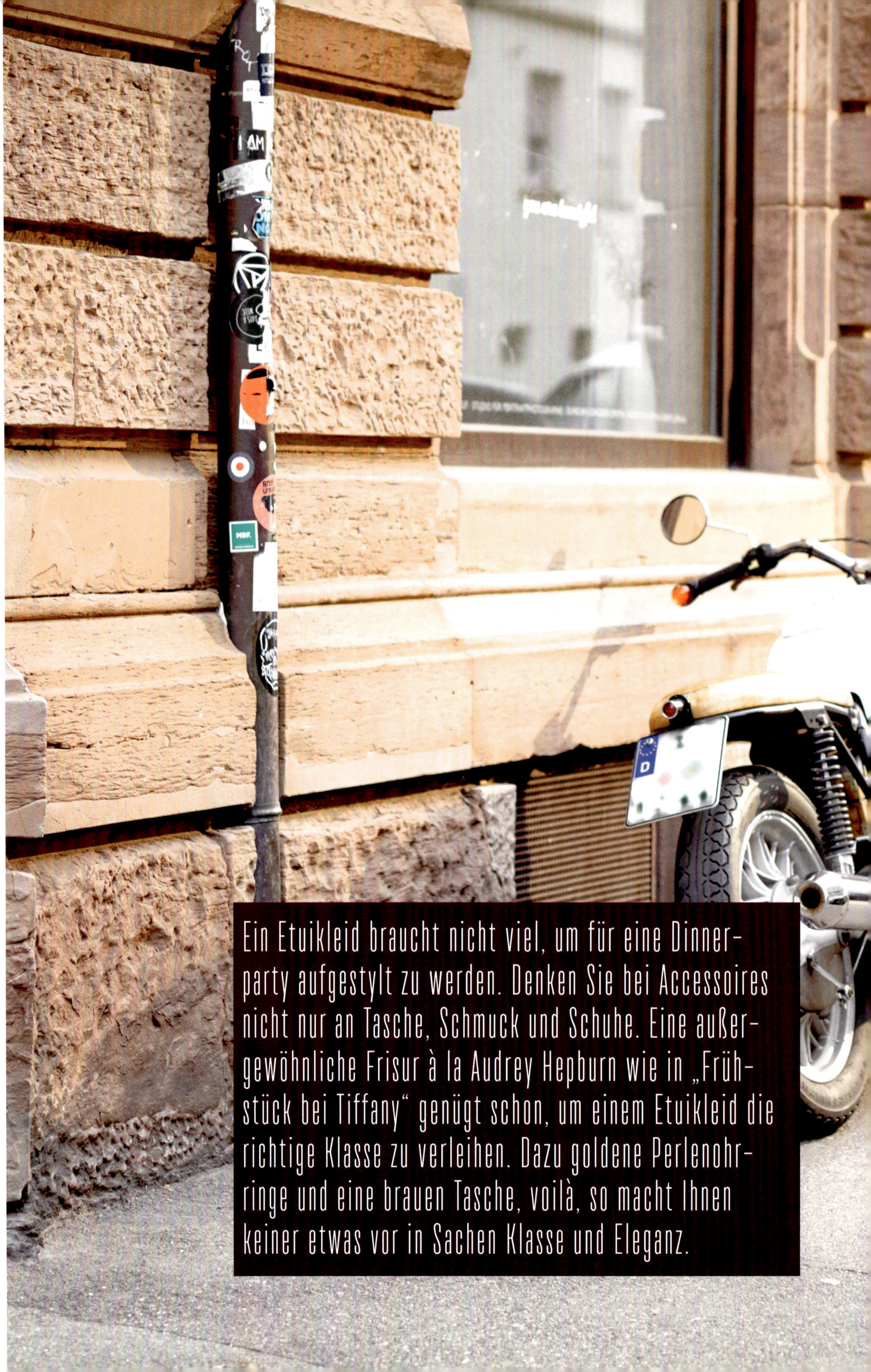

Ein Etuikleid braucht nicht viel, um für eine Dinnerparty aufgestylt zu werden. Denken Sie bei Accessoires nicht nur an Tasche, Schmuck und Schuhe. Eine außergewöhnliche Frisur à la Audrey Hepburn wie in „Frühstück bei Tiffany" genügt schon, um einem Etuikleid die richtige Klasse zu verleihen. Dazu goldene Perlenohrringe und eine brauen Tasche, voilà, so macht Ihnen keiner etwas vor in Sachen Klasse und Eleganz.

Gönnen Sie sich Beinfreiheit!
Sich zu klein, zu mollig, zu alt oder die Beine zu dellig zu finden, ist keine Ausrede. Wenn Sie sich wohlfühlen, gibt es aber auch keinen Grund, warum Sie nicht Shorts tragen sollten. Shorts sind praktisch und lassen sich wunderbar kombinieren. Hier die einfachste Variante: mit grauem Top, flachen Espadrilles, einer kleinen Umhängetasche und einem Schal sind Sie bereit für Shoppingtouren, Ausflüge in die Stadt und aufs Land oder auch für eine schöne Fahrradtour ...

Hier kommt das ideale Sommeroutfit: kurze Shorts, eine leichte Tunika, offene Sandalen und eine Umhängetasche. Damit sind Sie gerüstet, um eine Sightseeing-Tour in Paris, Rom oder Mailand zu unternehmen … oder einen Spaziergang am nächsten Stadtstrand.

Mit Pumps, Longsleeve und Tuch verwandelt sich diese sommerliche kurze Hose auch zu einem leichten Abendoutfit, um im nächsten Straßencafé noch einen kleinen Snack zu nehmen. Die Shorts sitzen hoch in der Taille und durch das eingesteckte Longsleeve betonen Sie die Körpermitte.

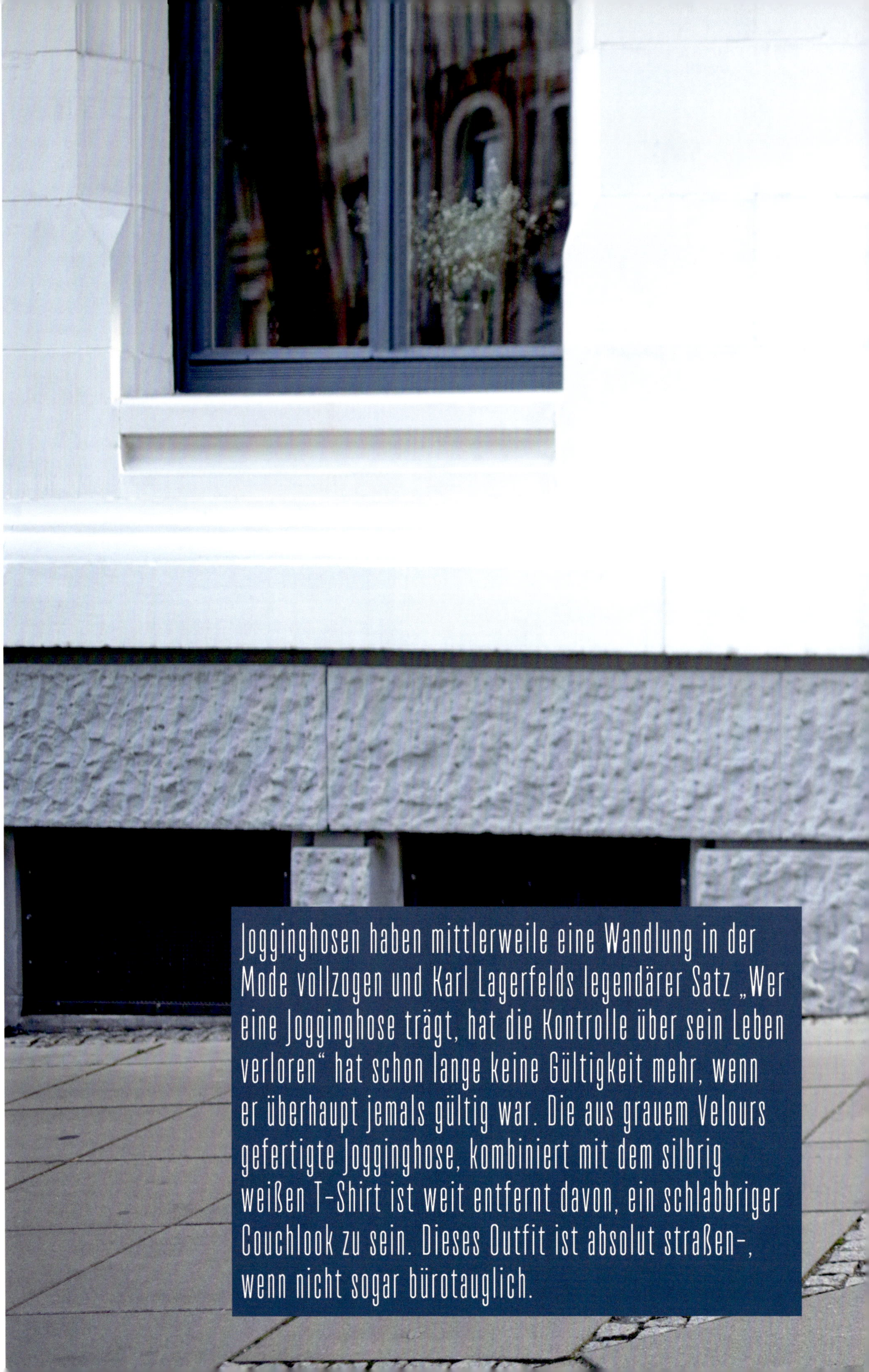

Jogginghosen haben mittlerweile eine Wandlung in der Mode vollzogen und Karl Lagerfelds legendärer Satz „Wer eine Jogginghose trägt, hat die Kontrolle über sein Leben verloren" hat schon lange keine Gültigkeit mehr, wenn er überhaupt jemals gültig war. Die aus grauem Velours gefertigte Jogginghose, kombiniert mit dem silbrig weißen T-Shirt ist weit entfernt davon, ein schlabbriger Couchlook zu sein. Dieses Outfit ist absolut straßen-, wenn nicht sogar bürotauglich.

High-Heels wirken stylish und sexy, aber bequem sind sie meist nicht. Wie gut, dass Halbschuhe gerade so sehr im Trend sind. Besonders im Budapester-Stil sind die flachen Treter bequem und trotzdem richtig schick. Auch zu kurzen Shorts lässt sich ein Halbschuh wunderbar kombinieren und so ein sommerliches Outfit abrunden.

Wir stehen zu unseren Falten ... besonders, wenn es Plissee-Falten sind. Der filigrane Faltenstoff ist nicht nur bei Röcken schick, auch für Blusen macht er einiges her. Meist kennt man Plissee eher von Abendoutfits oder eleganten Bürolooks, aber dass Falten auch sportlich sein können, zeigt sich hier: in Kombination mit roten Shorts und Sneakers mit Keilabsatz wird ein sportlich lässiges Tagesoutfit daraus.

Großer Basar
am 8.10.16
DRÜCKEN

Akute Trendgefahr: Blouson. Dieser unkomplizierte Begleiter lässt sich so herrlich kombinieren, dass er in keinem Kleiderschrank fehlen sollte. Sie können mutig sein und ihn zu einem Abendkleid tragen – der perfekte Stilbruch. Oder wie hier einfach locker über das lässige Tagesoutfit aus Jogginghose und Top ziehen. Ganz klassisch stylen Sie den Blouson zu Jeans und T-Shirt.

Sneaker sind so beliebt wie noch nie! Der ehemalige Sportschuh hat es geschafft und wird seit vielen Jahren nicht mehr nur beim Sport getragen –dafür sind die heutigen Modelle auch gar nicht mehr gedacht. Zum Schnüren, mit Klettverschluss, zum Reinschlüpfen – die Vielfalt scheint derzeit grenzenlos. Das hier gewählte Modell läuft spitz zu und hat ein besonderes Obermaterial, was silbrig glänzt und mit seiner netzartigen Struktur perfekt mit dem silberglänzenden Blouson harmoniert.

Wasserfall-Shirts erzeugen einen wunderbaren Ausschnitt durch den lockeren Fall. Besonders Frauen mit etwas größerer Oberweite sollten zu so einem Modell greifen, da es schöne Proportionen schafft. Obwohl ein Longsleeve eher zu den Basic-Modellen gezählt werden kann, ist es durch den Wasserfallausschnitt ein Kleidungsstück, das trotz seiner Schlichtheit ein Blickfang sein kann.

Ab nun haben Sie die Hände frei – denn anstatt einer angesagten Handtasche trägt man locker geschultert einen Rucksack. Das Wunderbare an diesem Trend ist es, dass er die Schultern nicht einseitig belastet. Für Ihre Gesundheit ein echter Pluspunkt. Außerdem sind Rucksäcke wahre Stauwunder. Und zu guter Letzt: Ein Rucksack wirkt einfach cool und lässig.

Modellanleitungen

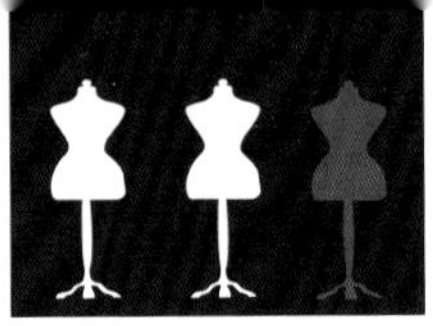

Faltenrock

Größe
34-46

Material

Baumwollstoff mit Elastan in Weiß, 140 cm breit, 135 cm ● Bundfix in Weiß, 10-30-30-10 mm, Länge je nach Bundweite (66/69/72/76/80/84/90 cm) ● Nähgarn in Weiß ● Reißverschluss in Weiß, 22 cm ● Aufhängeband in Weiß, 2x 20 cm

Zuschneiden

Schnittteile A und B gemäß Zuschneideplan bei doppelter, Schnittteil C bei einfacher Stofflage mit 1 cm Nahtzugabe und 4 cm Zugabe am Saum zuschneiden. Darauf achten, dass der Fadenlauf parallel zur Webkante liegt. Schnittteile A und B im Stoffbruch zuschneiden. Alle Markierungen von den Schnittmustern auf die Schnittteile übertragen.

1x Schnittteil A „Vorderteil“
1x Schnittteil B „Rückwärtiges Teil“
1x Schnittteil C „Bund“

Schnittmusterbogen 1A

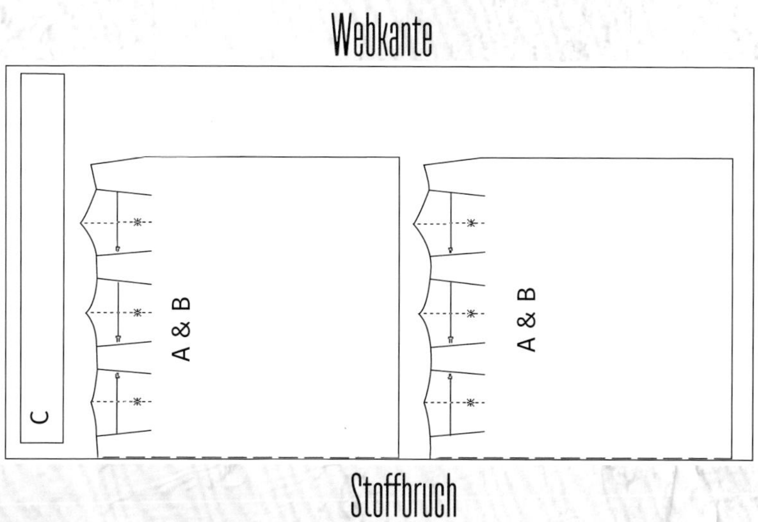

Hilfreiche Grundlagen auch als Online-Video

Anleitung

1. Die Falten im Vorderteil (A) in Pfeilrichtung aufeinanderlegen und mit Stecknadeln fixieren. Dabei darauf achten, dass die Falten so übereinanderliegen, dass an der oberen Kante nichts übersteht.

2. Die Falten im rückwärtigen Teil (B) wie im Vorderteil aufeinanderlegen und mit Stecknadeln fixieren.

3. Die Falten an der Oberkante heften.

4. Das vordere und das rückwärtige Rockteil rechts auf rechts legen. Die rechte Seitennaht mit Stecknadeln fixieren und zusammennähen. Die linke Seitennaht ab der Markierung für den Reißverschluss bis zum Saum mit Stecknadeln fixieren und zusammennähen. Die Nahtzugaben versäubern und auseinanderbügeln.

5. Das Aufhängeband jeweils zur Schlaufe legen und von links an den Seitennähten feststecken. Die Aufhänger liegen dabei im Rock.

6. Bundfix nach Herstelleranleitung auf die linke Stoffseite des Bunds (C) bügeln. Den Bund rechts auf rechts auf die obere Rockkante stecken, dabei an der Öffnung für den Reißverschluss beginnen und Enden. Entlang der unteren Stanzlinie der Bundeinlage feststeppen. Den Bund nach oben legen und die Nahtzugabe in den Bund bügeln.

7. Den Reißverschluss mit Stecknadeln in der offenen Seitennaht fixieren, ggf. heften. Dazu den Reißverschluss öffnen und eine Reißverschlusskante rechts auf rechts bis zur Bundhälfte an die Nahtzugabe der Seitennaht stecken. Den Reißverschluss mit dem Reißverschlussfuß annähen. Die andere Reißverschlusskante genauso annähen.

8. Die noch offene Bundkante an der oberen Stanzlinie der Bundeinlage nach innen bügeln. Die gebügelte Kante an dem schon angenähten Bund von links mit Stecknadeln fixieren. Am Reißverschluss die Nahtzugabe schräg nach innen schlagen. Den Bund von rechts im Nahtschatten der Ansatzlinie feststeppen. Dabei wird die innere Hälfte mit angenäht.

9. Den Saum versäubern und 4 cm nach innen umschlagen. Von links bügeln, mit Stecknadeln fixieren und von Hand mit Blindstich annähen.

10. Den Rock zum Schluss von links bügeln.

Kombinier dich glücklich!

Bleistiftrock

Größe
34-46

Material

Jersey in Altrosa, 150 cm breit, 80 cm • Bundfix in Weiß (10-25-25-10 mm), Länge je nach Bundweite (66/69/72/76/80/84/90 cm) • Vlieseinlage: Vlieseline H180, 5 cm x 20 cm • Reißverschluss in Altrosa, 22 cm • Nähgarn in Altrosa • Aufhängeband in Weiß, 6 mm breit, 2x 20 cm

Zuschneiden

Die Schnittteile gemäß Zuschneideplan bei doppelter Stofflage mit 1 cm Nahtzugabe und 4 cm am Saum und der rückwärtigen Mitte (Schnittteile C) zuschneiden. Darauf achten, dass der Fadenlauf parallel zur Webkante liegt. Schnittteil A im Stoffbruch, Schnittteil E bei einfacher Stofflage zuschneiden. Die Markierungen und die Mittelnaht im Schnittteil C von dem Schnittmuster auf das Schnittteil übertragen.

1x Schnittteil A „Vorderes Mittelteil"
2x Schnittteil B „Vorderes Seitenteil"
2x Schnittteil C „Rückwärtiges Mittelteil"
2x Schnittteil D „Rückwärtiges Seitenteil"
1x Schnittteil E „Bund"

Vlieseinlage:
2x Schlitzverstärkung, 4 cm x 25 cm

Schnittmusterbogen 1A

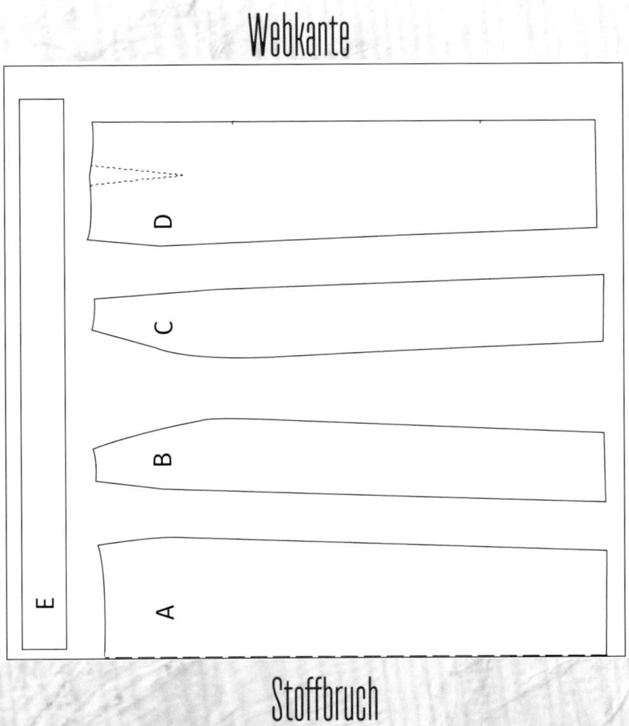

Hilfreiche Grundlagen auch als Online-Video

Anleitung

1. Die Abnäher im rückwärtigen Mittelteil (C) rechts auf rechts so falten, dass die Nahtlinien aufeinandertreffen. Die Abnäher mit Stecknadeln fixieren und entlang der Nahtlinien zusammennähen. Zur Mitte bügeln.

2. Die vorderen Seitenteile (B) rechts auf rechts auf das vordere Mittelteil (A) legen, so dass die Teilungsnähte aufeinanderliegen. Mit Stecknadeln fixieren und zusammennähen. Die Nahtzugaben versäubern und auseinanderbügeln.

3. Die rückwärtigen Mittelteile (C) rechts auf rechts legen. Die Mittelnaht zwischen den Markierungen für den Reißverschluss und den Schlitz mit Stecknadeln fixieren und zusammennähen. Die Nahtzugabe versäubern und auseinanderbügeln.

4. Die Vlieseinlage für den Schlitz nach Herstelleranleitung von links auf beide Schlitznahtzugaben bügeln.

5. Die rückwärtigen Seitenteile (D) rechts auf rechts auf das rückwärtige Mittelteil legen, so dass die Teilungsnähte aufeinanderliegen. Die Teilungsnähte mit Stecknadeln fixieren und zusammennähen. Die Nahtzugaben versäubern und auseinanderbügeln.

6. Das vordere und das rückwärtige Rockteil rechts auf rechts legen. Die Seitennähte mit Stecknadeln fixieren und zusammennähen. Die Nahtzugaben versäubern und auseinanderbügeln.

7. Das Aufhängeband jeweils zur Schlaufe legen und von links an den Seitennähten feststecken. Die Anhänger liegen dabei im Rock.

8. Bundfix nach Herstelleranleitung auf die linke Stoffseite des Bunds (E) bügeln. Den Bund rechts auf rechts an die obere Rockkante stecken und entlang der unteren Stanzlinie der Bundeinlage feststeppen. Den Bund nach oben legen und die Nahtzugabe in den Bund bügeln.

9. Den Reißverschluss mit Stecknadeln in der Mittelnaht fixieren, ggf. heften. Dazu den Reißverschluss öffnen und eine Reißverschlusskante rechts auf rechts bis zur Bundhälfte an die Nahtzugabe der rückwärtigen Mitte stecken, so dass die Reißverschlusszähnchen auf der Mittelnaht liegen. Den Reißverschluss mit dem Reißverschlussfuß annähen. Die andere Reißverschlusskante genauso annähen.

10. Die noch offene Bundkante an der oberen Stanzlinie der Bundeinlage nach innen bügeln. Die gebügelte Kante an dem schon angenähten Bund von links mit Stecknadeln fixieren. Am Reißverschluss die Nahtzugabe schräg nach innen schlagen. Den Bund von rechts im Nahtschatten der Ansatzlinie feststeppen. Dabei wird die innere Hälfte mit angenäht.

11. Den Saum versäubern und 4 cm nach innen umschlagen. Von links bügeln, mit Stecknadeln fixieren und von Hand mit Blindstich annähen.

12. Die Nahtzugabe des Schlitzes nach innen umschlagen, bügeln und mit Blindstich von Hand auf dem Saum annähen.

13. Den Rock zum Schluss von links bügeln.

Mix & Match nach deinen Vorstellungen

Kurze Hose

Größe
34-46

Material

Georgette in Weinrot, 150 cm breit, 100 cm (Gr. 34-42), 105 cm (Gr. 44-46) • Gummilitze, 3 cm breit, Länge: Taillenweite plus 3 cm • Formband, 40 cm • Nähgarn in Weinrot

Zuschneiden

Die Schnittteile gemäß Zuschneideplan bei doppelter Stofflage mit 1 cm Nahtzugabe zuschneiden. Darauf achten, dass der Fadenlauf parallel zur Webkante liegt. Schnittteil E im Stoffbruch zuschneiden. Alle Markierungen von den Schnittmustern auf die Schnittteile übertragen. Die oberen Linien von Vorder- (A) und rückwärtigem Teil (B) auf die rechte Stoffseite übertragen.

2x Schnittteil A „Vorderteil"
2x Schnittteil B „Rückwärtiges Teil"
2x Schnittteil C „Tasche"
3x Schnittteil D „Gürtelschlaufe"
2x Schnittteil E „Gürtel"

Schnittmusterbogen 1B

Webkante

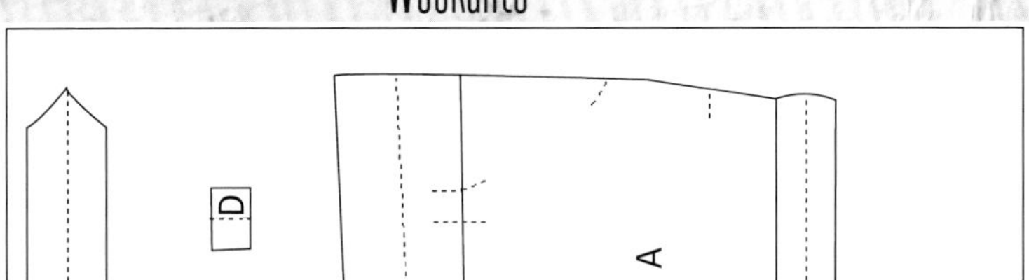

Stoffbruch

Anleitung

1. Formband nach Herstelleranleitung auf der linken Stoffseite der Tasche (C) auf einen Eingriffbogen aufbügeln.

2. Die Tasche an der Umbruchlinie rechts auf rechts falten. Den Eingriffbogen und die untere Kante mit Stecknadeln fixieren und zusammennähen. Die Nahtzugabe schmal verschneiden, am Eingriffbogen mehrmals vorsichtig bis zur Stepplinie einschneiden. Die Tasche wenden und die Kanten bügeln. Am Eingriffbogen knappkantig absteppen.

3. Eine Tasche gemäß Markierungen jeweils auf die rechte Seite eines Hosenvorderteils (A) legen und mit Stecknadeln rundherum fixieren. Die Tasche an der Seitennaht, der unteren Kante und der geraden Seite bis zur Markierung knappkantig aufsteppen.

4. Die Vorder- (A) und rückwärtigen (B) Teile jeweils rechts auf rechts legen. Seitennähte und die Beininnennähte mit Stecknadeln fixieren und zusammennähen. Die Nahtzugaben versäubern und auseinanderbügeln.

5. Beide Hosenteile rechts auf rechts an der Gesäßnaht mit Stecknadeln fixieren. Die Naht an der rückwärtigen Mitte 1 cm zusammennähen, 3 cm offen lassen und danach die übrige Gesäßnaht bis nach vorn zur oberen Kante zusammennähen. Die Nahtzugabe versäubern und auseinanderbügeln.

6. Die obere Hosenkante versäubern. Die versäuberte Hosenkante entlang der Umbruchlinie nach innen schlagen und bügeln. Die umgeschlagene Kante mit Stecknadeln fixieren und knappkantig annähen. Von dieser Steppnaht 3,5 cm nach oben eine zweite Steppnaht anzeichnen und nähen.

7. Die Tasche an der oberen Kante und der 3,5 cm tiefer liegenden Querlinie aufsteppen, sodass der Durchzug für den Gürtel entsteht.

8. Die Gürtelschlaufen (D) an der Umbruchlinie rechts auf rechts falten und rundherum zusammennähen, dabei an der unteren Kante eine 2 cm lange Wendeöffnung lassen. Die Gürtelschlaufen wenden und bügeln. Gemäß Markierungen an der oberen und unteren Kante aufnähen, dabei jeweils die Wendeöffnung schließen.

9. Den Saum versäubern. An der Umbruchlinie 4 cm nach innen schlagen und die Bruchkante bügeln. An der versäuberten Kante mit Stecknadeln fixieren und annähen. Die Bruchkante an der Saumlinie 3 cm nach außen schlagen und die neue untere Bruchkante bügeln. Die obere Bruchkante mit Stecknadeln am Hosenbein fixieren und von Hand mit Blindstichen annähen.

10. Die Gummilitze durch die Öffnung in der hinteren Mitte ziehen. Die Enden 1,5 cm übereinanderlegen und zusammennähen.

11. Den Gürtel (E) der Länge nach rechts auf rechts falten und mit Stecknadeln fixieren. Die Kanten rundherum zusammennähen, dabei eine 5 cm lange Wendeöffnung lassen. Den Gürtel wenden und die Kanten bügeln. Die Wendeöffnung von Hand mit Überwendlingsstich zunähen.

12. Die Hose zum Schluss von links bügeln und den Gürtel in die Schlaufen fädeln.

Probier's doch mal so...

oder

Lange Hose

Größe
34-46

Material

Velours in Grau, 150 cm breit, 170 cm (Gr. 34-38), 215 cm (Gr. 40-42), 230 cm (Gr. 44-46) ● Gummilitze, 3 cm breit, Länge: Taillenweite plus 3 cm sowie 2x Fesselumfang plus 3 cm ● Formband ca. 40 cm ● Nähgarn in Grau

Zuschneiden

Die Schnittteile gemäß Zuschneideplan bei doppelter Stofflage mit 1 cm Nahtzugabe und 3 cm Zugabe am Saum zuschneiden. Schnittteil H ohne Nahtzugabe, Schnittteil F im Stoffbruch zuschneiden. Darauf achten, dass der Fadenlauf parallel zur Webkante liegt. Alle Markierungen von den Schnittmustern auf die Schnittteile übertragen.

Webkante

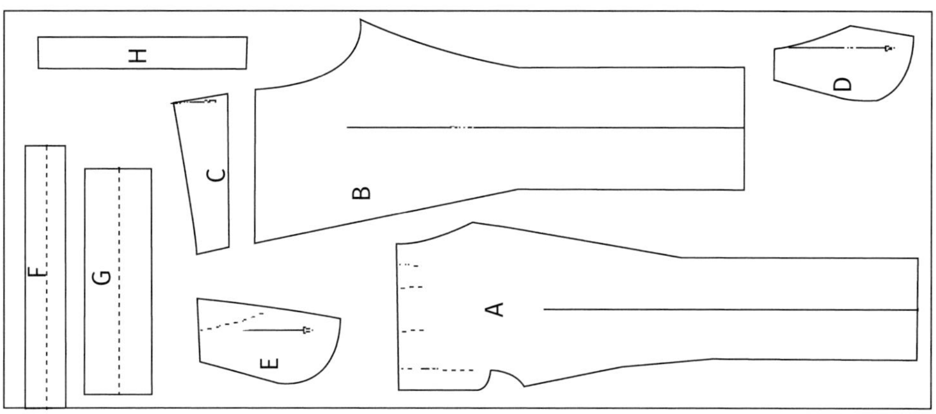

Stoffbruch

2x Schnittteil A „Vorderteil“
2x Schnittteil B „Rückwärtiges Teil“
2x Schnittteil C „Passe“
2x Schnittteil D „Taschenbeutel 1“
2x Schnittteil E „Taschenbeutel 2“
1x Schnittteil F „Bund“
2x Schnittteil G „Bund Hosenbein“
1x Schnittteil H „Gürtelschlaufen“

Schnittmusterbogen 3A+B

Anleitung

1. Formband nach Herstelleranleitung auf der linken Stoffseite der vorderen Hose (A) auf die Tascheneingriffkante aufbügeln.

2. Taschenbeutel 1 (D) jeweils rechts auf rechts auf das vordere Hosenteil (A) legen. Die Tascheneingriffkante mit Stecknadeln fixieren und zusammennähen. Die Nahtzugabe zurückschneiden. Den Taschenbeutel nach innen wenden. Die Kante bügeln und knappkantig von rechts absteppen.

3. Taschenbeutel 2 (E) mit der rechten Stoffseite auf die linke Seite des Vorderteils legen, so dass die Nahtzahlen aufeinandertreffen. Die beiden Taschenbeutel (D und E) liegen rechts auf rechts aufeinander. Den Tascheneingriff von rechts mit Stecknadeln fixieren. Von links die Taschenbeutel mit Stecknadeln fixieren und an den Kanten zusammennähen. Die Nahtzugabe versäubern.

4. Die Falten im Vorderteil in Pfeilrichtung aufeinanderlegen und an der Oberkante heften.

5. Die Passe (C) jeweils mit Stecknadeln rechts auf rechts an der oberen rückwärtigen Hosenkante fixieren, so dass die Nahtzahlen aufeinandertreffen, und annähen. Die Nahtzugaben versäubern und nach oben bügeln. Von rechts neben der Naht absteppen, dabei die Nahtzugabe mitfassen.

6. Ein vorderes (A) und ein rückwärtiges (B) Hosenbein rechts auf rechts legen. Die Seitennaht mit Stecknadeln fixieren, dabei an dem Kniepunkt beginnen und von da aus nach oben und unten arbeiten. Die Naht schließen. Das Hosenbein längs rechts auf rechts legen. Die innere Beinnaht (Schrittnaht) mit Stecknadeln fixieren, dabei wie bei der Seitennaht an dem Kniepunkt beginnen. Das vordere Hosenteil muss dabei im oberen Bereich etwas gedehnt werden. Die Naht schließen. Die Nahtzugaben versäubern und auseinanderbügeln. Das zweite Hosenbein genauso nähen.

7. Ein Hosenbein wenden und beide Hosenbeine rechts auf rechts ineinanderschieben. Die Mittelnaht mit Stecknadeln fixieren und mit 1 cm Nahtzugabe zusammennähen. An den Rundungen die Nahtzugabe zurückschneiden. Nahtzugaben versäubern und auseinanderbügeln.

8. Von links an der vorderen Mitte den angeschnittenen Übertritt zur rechten Seite bügeln. Von rechts den Übertritt mit Stecknadeln fixieren und von rechts wie bei einem Reißverschlusseingriff absteppen.

9. Nun den Bund (F) an den schmalen Kanten rechts auf rechts mit Stecknadeln fixieren und zusammennähen, dabei in der zweiten Hälfte mittig ca. 2,5 cm Naht offen lassen. Die Nahtzugabe auseinanderbügeln.

10. Den Bund mit der komplett zugenähten Hälfte rechts auf rechts mit Stecknadeln an der oberen Hosenkante fixieren, so dass die Naht auf die rück-

wärtige Mitte trifft, und annähen. Die Nahtzugabe in den Bund bügeln und den Bund zur Hälfte nach links umbügeln. Die noch offene Kante versäubern. Von rechts die innen liegende Bundkante mit Stecknadeln fixieren und im Nahtschatten absteppen. Die Gummilitze einziehen, die Enden 1,5 cm übereinanderlegen und zusammennähen. Den Bund einmal mittig absteppen, dabei den Gummi dehnen.

11. Die schmalen Kanten der Bundteile für das Hosenbein (G) rechts auf rechts legen. Eine Hälfte zusammennähen, bei der zweiten Hälfte ca. 2,5 cm offen lassen und dann den Rest der Naht schließen. Die Nahtzugabe auseinanderbügeln. Beide Teile wenden.

12. Die Bundteile mit der komplett zugenähten Hälfte rechts auf rechts mit Stecknadeln an der unteren Hosenbeinkante fixieren, so dass die Nähte aufeinandertreffen, und annähen. Die Nahtzugabe in die Bundteile bügeln und den Bund zur Hälfte nach links umbügeln. Die noch offene Kante versäubern. Von rechts die innen liegende Bundkante mit Stecknadeln fixieren und im Nahtschatten absteppen.

13. Die Gummilitze einziehen, die Enden 1,5 cm übereinanderlegen und zusammennähen. Den Bund von rechts einmal mittig absteppen, dabei den Gummi dehnen.

14 Den Zuschnitt für die Gürtelschlaufen (H) an einer Längsseite versäubern. Die unversäuberte Längskante ein Drittel auf links bügeln. Die versäuberte Kante ein Drittel nach links auf die erste umgebügelte Seite bügeln. An beiden langen Kanten absteppen, dabei alle Stofflagen mitfassen. In 5 jeweils 8 cm lange Stücke schneiden.

15. Am Bund jeweils die Mitte zwischen der vorderen Mitte und der Seitennaht mit einer Stecknadel markieren. Danach jeweils die Mitte zwischen der rückwärtigen Mitte und der Stecknadel im Vorderteil mit einer Stecknadel markieren.

16. Die schmalen Enden der Gürtelschlaufen umschlagen und am Bund an der rückwärtigen Mitte und den markierten Stellen im Vorder- und rückwärtigen Teil aufsteppen.

17. Die Hose zum Schluss von links bügeln.

Ein einziges Teil ...

... immer wieder modisch & neu

Etuikleid

Größe
34-46

Material

Baumwollstoff mit Elastan in Hellbraun, 140 cm breit, 200 cm (Gr. 34-42), 210 cm (Gr. 44-46) ● Vlieseinlage: Vlieseline H180, 30 cm x 55 cm ● Reißverschluss in Hellbraun, 60 cm ● Nähgarn in Hellbraun

Zuschneiden

Die Schnittteile gemäß Zuschneideplan bei doppelter Stofflage mit 1 cm Nahtzugabe und 3 cm Zugabe am Saum zuschneiden. Darauf achten, dass der Fadenlauf parallel zur Webkante liegt. Schnittteil A und E im Stoffbruch zuschneiden. Die Vlieseinlage ohne Nahtzugabe zuschneiden. Alle Markierungen von den Schnittmustern auf die Schnittteile übertragen.

Oberstoff:
1x Schnittteil A „Vorderteil"
2x Schnittteil B „Vorderes Seitenteil"
2x Schnittteil C „Rückenteil"
2x Schnittteil D „Rückwärtiges Seitenteil"
1x Schnittteil E „Vorderer Beleg"
2x Schnittteil F „Rückwärtiger Beleg"

Vlieseinlage:
2x Schnittteil E „Vorderer Beleg"
2x Schnittteil F „Rückwärtiger Beleg"

Schnittmusterbogen 2A

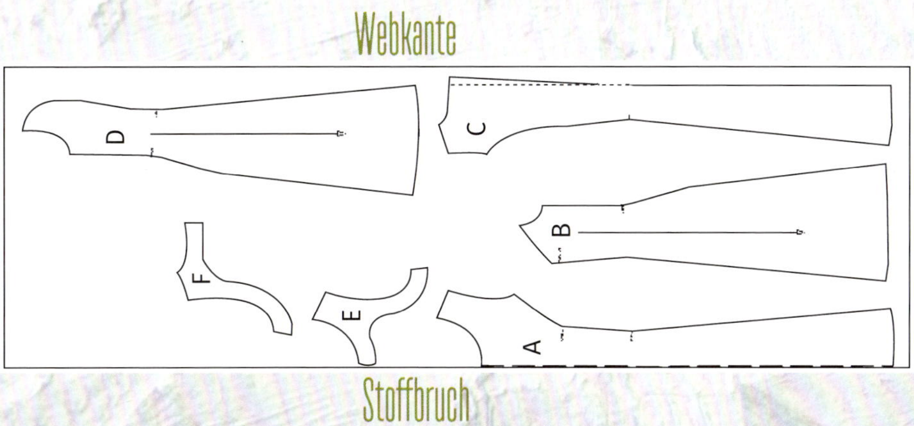

Anleitung

1. Die vorderen Seitenteile (B) rechts auf rechts auf das Vorderteil (A) legen. Die Teilungsnähte mit Stecknadeln fixieren, dabei die Passzeichen beachten, und zusammennähen. Die Nahtzugabe versäubern und zum Seitenteil bügeln.

2. Je ein rückwärtiges Seitenteil (D) rechts auf rechts auf ein Rückenteil (C) legen. Die Teilungsnähte mit Stecknadeln fixieren, dabei die Passzeichen beachten, und zusammennähen. Die Nahtzugaben versäubern und jeweils zum Seitenteil bügeln. Die rückwärtige Mittelnaht bleibt noch offen.

3. Die rückwärtigen Schnittteile rechts auf rechts auf das Vorderteil legen. Die Schulternähte mit Stecknadeln fixieren und zusammennähen. Die Nahtzugabe versäubern und auseinanderbügeln. Wenden.

4. Auf die linke Stoffseite der Belege (E und F) die Vlieseinlage nach Herstelleranleitung aufbügeln.

5. Die rückwärtigen Belege (F) an den Schulternähten jeweils rechts auf rechts auf den vorderen Beleg (E) legen. Mit Stecknadeln fixieren und zusammennähen. Die Nahtzugabe auseinanderbügeln.

6. Den Beleg rechts auf rechts mit Stecknadeln an der Halsausschnittkante fixieren und annähen. Die Nahtzugabe schmal verschneiden und mehrmals vorsichtig bis zur Stepplinie einschneiden. Die Nahtzugabe zum Beleg bügeln. Von rechts knapp neben der Naht auf dem Beleg absteppen, dabei die Nahtzugabe mitfassen.

7. Den Beleg wieder rechts auf rechts auf das Kleid legen. Armausschnitt und Beleg jeweils mit Stecknadeln fixieren und zusammennähen. Die Nahtzugabe schmal verschneiden und mehrmals vorsichtig bis zur Stepplinie einschneiden. Die Nahtzugabe zum Beleg bügeln. Den Armausschnitt jeweils von der Seitennaht aus von rechts knapp neben der Naht auf dem Beleg absteppen, soweit es möglich ist.

8. Vom Vorderteil aus die rückwärtigen Teile einzeln zwischen der Schulternaht von Kleid und Beleg nach vorn durchziehen.

9. Halsausschnitt und Armausschnitte bügeln.

10. Die rückwärtigen Teile rechts auf rechts legen. Die Mittelnaht ab der Markierung für den Reißverschluss mit Stecknadeln bis zum Saum fixieren und zusammennähen. Die Nahtzugabe versäubern und auseinanderbügeln.

11. Die Seitennähte mit den Belegen am Armausschnitt mit Stecknadeln fixieren, dabei die Passzeichen beachten, und zusammennähen. Die Nahtzugaben versäubern und auseinanderbügeln.

12. Den Reißverschluss mit Stecknadeln in der rückwärtigen Mittelnaht fixieren, ggf. heften. Dazu den Reißverschluss öffnen und eine Reißverschlusskante rechts auf rechts bis zum Halsausschnitt an die Nahtzugabe der rückwärtigen Mitte stecken. Den Reißverschluss mit dem Nähmaschinenfuß für den verdeckten Reißverschluss annähen. Die andere Reißverschlusskante genauso annähen.

13. Die offene Belegkante versäubern. Den Beleg an den Seitennähten von Hand mit geradem Saumstich annähen. Am Reißverschluss den Beleg nach innen schlagen und von Hand mit geradem Saumstich auf das Reißverschlussband nähen.

14. Den Saum versäubern, 3 cm nach innen umschlagen und mit Stecknadeln fixieren. Von Hand mit Blindstich annähen.

15. Zum Schluss das Kleid von links bügeln.

Mix & Match

Top

Größe
34-46

Material
Jersey in Graublau oder Rosa-Beige, 150 cm breit, 85 cm • Nähgarn in Graublau oder Rosa-Beige

Zuschneiden

Schnittteile A-C gemäß Zuschneideplan bei doppelter Stofflage, Schnittteil D bei einfacher Stofflage mit 1 cm Nahtzugabe und 2,5 cm Zugabe am Saum zuschneiden. Dabei darauf achten, dass der Fadenlauf parallel zur Webkante liegt. Schnittteil A und B im Stoffbruch zuschneiden. Alle Markierungen von den Schnittmustern auf die Schnittteile übertragen.

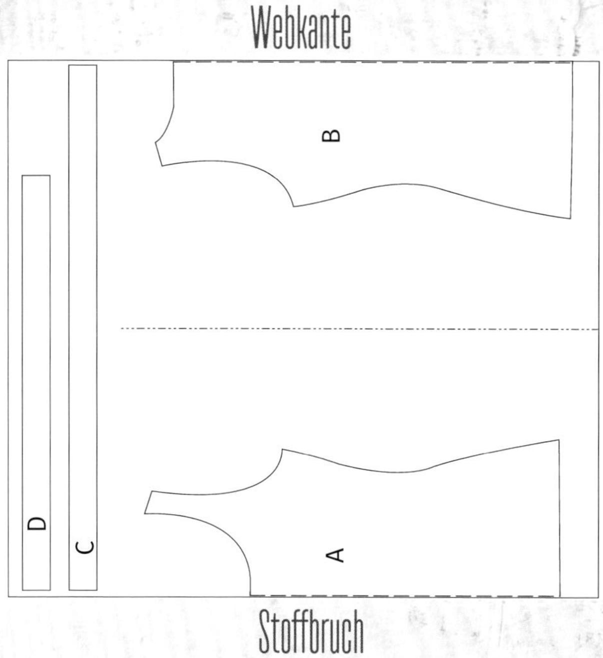

1x Schnittteil A „Vorderteil“
1x Schnittteil B „Rückenteil“
2x Schnittteil C „Einfassung Armausschnitt“
1x Schnittteil D „Einfassung Halsausschnitt“

Schnittmusterbogen 1B

Hinweis:

StellenSiezumNähenvonJerseyeinenelastischen Stretchstich an Ihrer Nähmaschine ein oder verwenden Sie eine Overlock-Maschine.

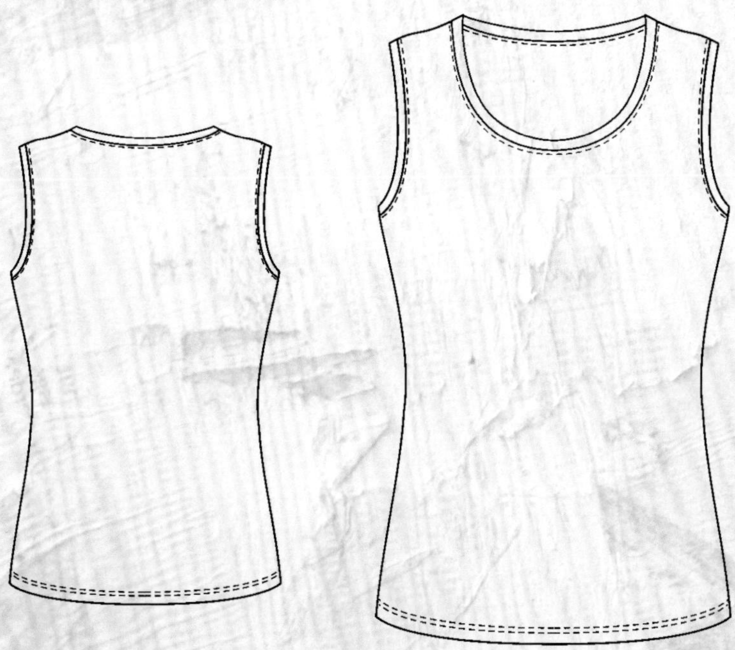

Anleitung

1. Vorderteil (A) und Rückenteil (B) rechts auf rechts legen. Die Schulternähte mit Stecknadeln fixieren und zusammennähen. Die Nahtzugaben versäubern und bügeln.

2. Die Seitennähte mit Stecknadeln fixieren, dabei die Passzeichen beachten, und zusammennähen. Die Nahtzugaben versäubern und bügeln.

3. Die Einfassung für den Halsausschnitt (D) an den schmalen Kanten rechts auf rechts zusammennähen, sodass ein Ring entsteht. Der Länge nach links auf links falten und bügeln.

4. Den Halsausschnitt und die Einfassung mit Stecknadeln in vier gleich große Abschnitte einteilen. Die Einfassung mit Stecknadeln an den offenen Kanten rechts auf rechts am Halsausschnitt fixieren, dabei darauf achten, dass die Stecknadelmarkierungen jeweils aufeinandertreffen. Annähen, dabei den Streifen leicht dehnen. Die Nahtzugaben zusammen versäubern und zum Shirt bügeln. Von rechts knapp neben der Naht noch einmal absteppen, dabei die Nahtzugaben mitfassen.

5. Die Einfassungen für die Armausschnitte (C) an den schmalen Kanten zusammennähen. Der Länge nach links auf links falten und bügeln. Anschließend wie in Schritt 4 beschrieben in die Armausschnitte nähen, dabei darauf achten, dass die Naht der Einfassung jeweils auf die Seitennaht trifft.

6. Den Saum 2,5 cm nach innen schlagen und bügeln. Von rechts mit Stecknadeln fixieren und mit der Zwillingsnadel von rechts absteppen.

7. Zum Schluss das Top von links bügeln.

Kombinier dich glücklich!

T-Shirt

Größe
34-46

Material
Jersey in Grau bedruckt, 150 cm breit, 140 cm (Gr. 34-40), 145 cm (Gr. 42-46)
- Nähgarn in Grau

Zuschneiden

Schnittteile A und B gemäß Zuschneideplan bei doppelter Stofflage, Schnittteil C bei einfacher Stofflage mit 1 cm Nahtzugabe und 3 cm Zugabe an Saum und Ärmelsäumen zuschneiden. Darauf achten, dass der Fadenlauf parallel zur Webkante liegt. Schnittteil A und B im Stoffbruch zuschneiden. .

1x Schnittteil A „Vorderteil“
1x Schnittteil B „Rückenteil“
1x Schnittteil C „Einfassung Halsausschnitt“

Schnittmusterbogen 2A

Hinweis:

Stellen Sie zum Nähen von Jersey einen elastischen Stretchstich an Ihrer Nähmaschine ein oder verwenden Sie eine Overlock-Maschine.

Webkante

Stoffbruch

Anleitung

1. Vorderteil (A) und Rückenteil (B) rechts auf rechts legen. Die Schulternähte mit Stecknadeln fixieren und zusammennähen. Die Nahtzugaben versäubern und bügeln.

2. Die Seitennähte mit Stecknadeln fixieren und zusammennähen. Die Nahtzugabe versäubern und bügeln.

3. Die Einfassung für den Halsausschnitt (C) an den schmalen Kanten rechts auf rechts zusammennähen, sodass ein großer Ring entsteht. Der Länge nach links auf links falten und bügeln.

4. Den Halsausschnitt und die Einfassung mit Stecknadeln in vier gleich große Abschnitte einteilen. Die Einfassung mit den offenen Kanten mit Stecknadeln rechts auf rechts am Halsausschnitt fixieren, dabei darauf achten, dass die Stecknadelmarkierungen jeweils aufeinandertreffen. Annähen, dabei die Einfassung leicht dehnen. Die Nahtzugaben zusammen versäubern und zum Shirt bügeln. Von rechts knapp neben der Naht noch einmal absteppen, dabei die Nahtzugaben mitfassen.

5. Die Ärmelsäume 2,5 cm nach innen schlagen und bügeln. Den Saum von rechts mit Stecknadeln fixieren. Mit der Zwillingsnadel von rechts absteppen.

6. Den T-Shirt-Saum 2,5 cm nach innen schlagen und bügeln. Den Saum von rechts mit Stecknadeln fixieren. Mit der Zwillingsnadel von rechts absteppen.

7. Zum Schluss das T-Shirt von links bügeln.

Kombinier dich glücklich!

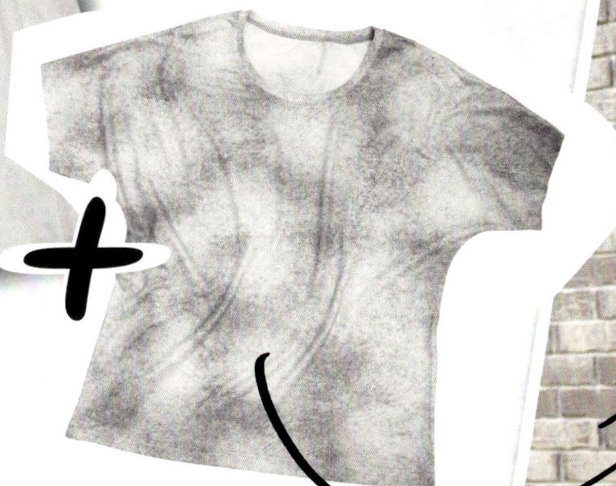

Tunika

Größe
34-46

Material
Seide in Weiß bedruckt, 140 breit, 200 cm (Gr. 34-38), 205 cm (Gr. 40-42), 210 cm (Gr. 44-46) •
Nähgarn in Weiß

Zuschneiden

Schnittteile A und B gemäß Zuschneideplan bei doppelter Stofflage, SchnittteilC bei einfacher Stofflage mit 1 cm Nahtzugabe und 3 cm Zugabe an Saum und Ärmelsäumen zuschneiden. Darauf achten, dass der Fadenlauf parallel zur Webkante liegt. Schnittteil A und B im Stoffbruch zuschneiden.

1x Schnittteil A „Vorderteil“
1x Schnittteil B „Rückenteil“
1x Schnittteil C „Einfassung Halsausschnitt“

Schnittmusterbogen 3A+2B

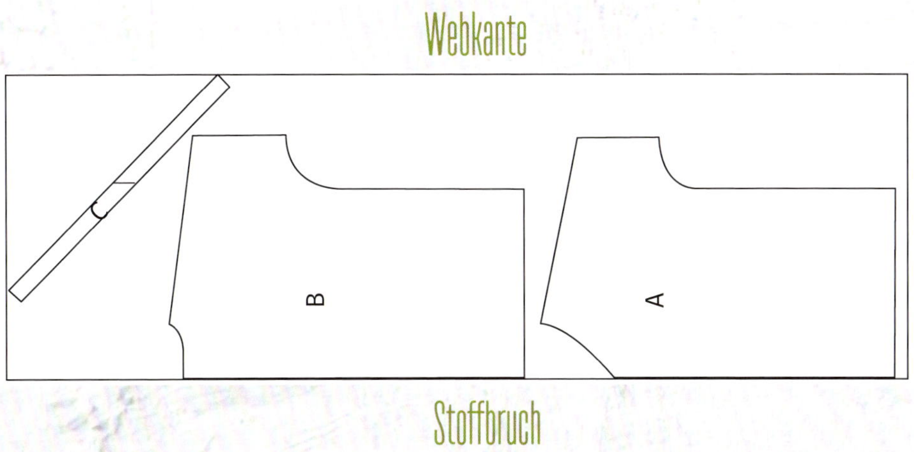

Anleitung

1. Vorderteil (A) und Rückenteil (B) rechts auf rechts legen. Die Schulternähte mit Stecknadeln fixieren und zusammennähen. Die Nahtzugabe versäubern und bügeln.

2. Die Seitennähte mit Stecknadeln fixieren und zusammennähen. Die Nahtzugabe versäubern und bügeln.

3. Die Einfassung (C) mit dem Schrägbandformer bügeln. Alternativ die langen Kanten links auf links zur Mitte bügeln, anschließend die Einfassung längs mittig falten und bügeln, sodass die gebügelten Kanten innen liegen.

4. Die Einfassung aufklappen und an den schmalen Kanten rechts auf rechts zusammennähen, sodass ein Ring entsteht. Die Nähte auseinanderbügeln.

5. Im Vorderteil die Nahtzugabe an der Spitze des Halsausschnitts 1 cm einschneiden (Illustration 1).

Illustration 1

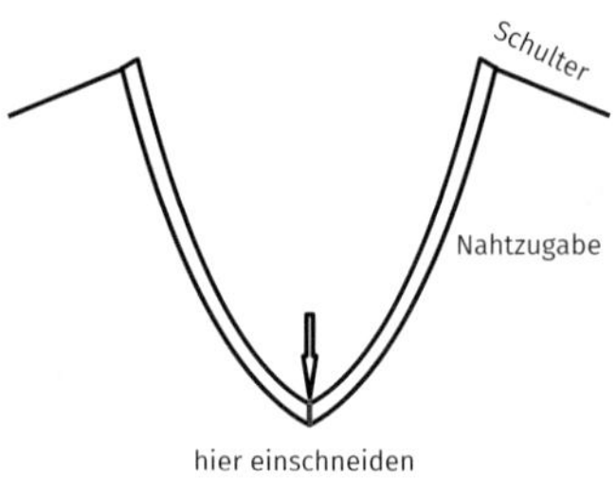

Die Einfassung mit den offenen Kanten über den Halsausschnitt schieben, dabei den V-Ausschnitt leicht auseinanderziehen (Illustration 2),

Illustration 2

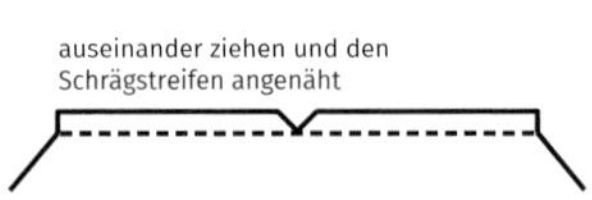

mit Stecknadeln fixieren und annähen. Das Vorderteil an der vorderen Mitte rechts auf rechts in den Stoffbruch legen und die Einfassung schräg absteppen (Illustration 3).

Illustration 3

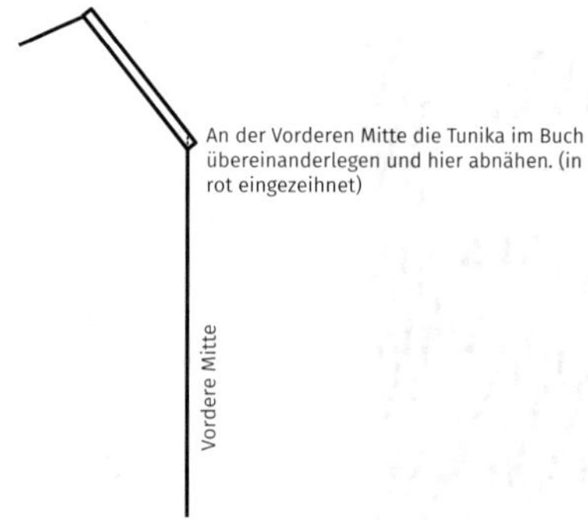

6. Den Saum zweimal 1,5 cm nach innen schlagen und mit Stecknadeln fixieren. Absteppen.

7. Die Ärmelsäume wie den Saum nähen.

8. Die Tunika zum Schluss von links bügeln.

Mix & Match!

jedes Teil dein eigener Style

Longsleeve

Größe

34-46

Material

Jersey in Blau, 150 cm breit, 155 cm (Gr. 34-42), 160 cm (Gr. 44-46) •
Nähgarn in Blau

Zuschneiden

Die Schnittteile A, B und C gemäß Zuschneideplan bei doppelter Stofflage mit 1 cm Nahtzugabe und 3 cm Zugabe an den Säumen zuschneiden, Schnittteil D bei einfacher Stofflage zuschneiden. Darauf achten, dass der Fadenlauf parallel zur Webkante liegt. Schnittteile A und B im Stoffbruch zuschneiden. Alle Markierungen von den Schnittmustern auf die Schnittteile übertragen.

1x Schnittteil A „Vorderteil“
1x Schnittteil B „Rückenteil“
2x Schnittteil C „Ärmel“
1x Schnittteil D „rückwärtiger Halsabschluss“

Schnittmusterbogen 3B

Hinweis:

Stellen Sie zum Nähen von Jersey einen elastischen Stretchstich an Ihrer Nähmaschine ein oder verwenden Sie eine Overlock-Maschine.

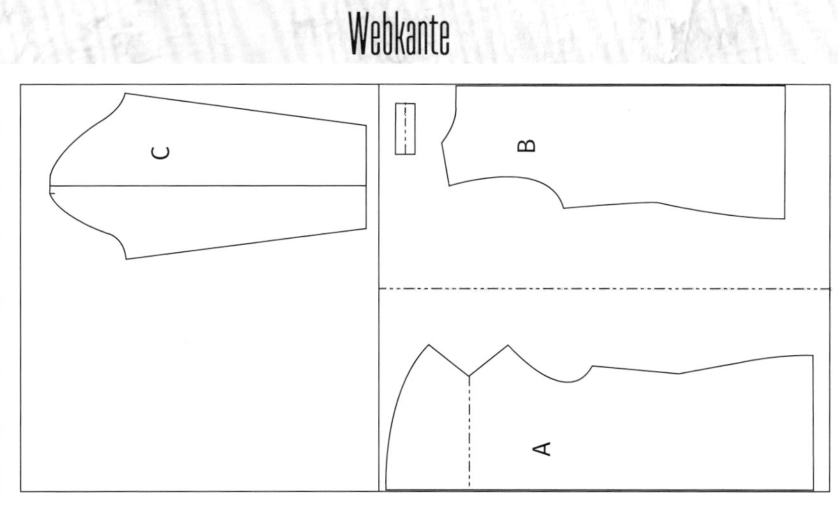

Anleitung

1. Den rückwärtigen Halsabschluss (D) der Länge nach links auf links falten und bügeln. Die langen offenen Kanten mit Stecknadeln rechts auf rechts am Halsausschnitt des Rückenteils (B) fixieren. Den Halsabschluss annähen und die Nahtzugabe versäubern. Die Nahtzugabe zum Rückenteil bügeln. Von rechts neben der Naht absteppen, dabei die Nahtzugabe mitfassen.

2. Die obere Kante am angeschnittenen Beleg des Vorderteils (A) versäubern.

3. Vorderteil (A) und Rückenteil (B) rechts auf rechts legen. Die Schulternähte vom Armausschnitt an bis in die Ecke am Vorderteil aufeinanderlegen und vom Vorderteil aus mit Stecknadeln fixieren. Die Schulternaht des angeschnittenen Belegs am Halsausschnitt zum Rückenteil umschlagen. Den Beleg mit den Stecknadeln an der Schulternaht fixieren. Die Schulternähte schließen und die Nahtzugaben versäubern. Die Nahtzugaben zum Vorderteil bügeln. Den angeschnittenen Beleg zum Vorderteil zurück schlagen.

4. Die Seitennähte mit Stecknadeln fixieren , dabei darauf achten, dass die Passzeichen aufeinandertreffen, und zusammennähen. Die Nahtzugaben versäubern und zu einer Seite bügeln.

5. Die Ärmel (C) der Länge nach rechts auf rechts falten. Die untere Ärmelnaht mit Stecknadeln fixieren und zusammennähen. Die Nahtzugaben versäubern und bügeln. Ärmel wenden.

6. Die Ärmel jeweils rechts auf rechts in den Armausschnitt schieben, dabei auf die Passzeichen achten. Mit Stecknadeln fixieren. Von der Ärmelseite aus einnähen. Die Nahtzugabe versäubern und in die Ärmel bügeln.

7. Den Ärmelsaum 3 cm nach innen schlagen und bügeln. Von rechts mit Stecknadeln fixieren und mit einer Zwillingsnadel annähen.

8. Den Saum 3 cm nach innen schlagen und bügeln. Von rechts mit Stecknadeln fixieren und mit einer Zwillingsnadel annähen.

9. Das Longsleeve von links bügeln.

oder so ...

oder auch so ...

Bluse

Material

Bluse in Beige:
Blusenplissee in Beige, 140 cm breit, 95 cm (Gr. 34-38), 100 cm (Gr. 40-42), 110 cm (Gr. 44-46) • Vlieseinlage: Vlieseline H180, 65 cm x 35 cm • 7 Knöpfe in Beige, ø 1,5 cm • Nähgarn in Beige

Gemusterte Bluse:
Seide in Beige mit Blumenmuster, 140 cm breit, 95 cm (Gr. 34-38), 100 cm (Gr. 40-42), 110 cm (Gr. 44-46) • Vlieseinlage: Vlieseline H180, 65 cm x 35 cm • 7 Knöpfe in Beige, ø 1,5 cm • Nähgarn in Beige

Größe
34-46

Zuschneiden

Die Schnittteile gemäß Zuschneideplan bei doppelter Stofflage mit 1 cm Nahtzugabe und 3 cm Zugabe am Saum und am Ärmelsaum zuschneiden. Darauf achten, dass der Fadenlauf parallel zur Webkante liegt. Schnittteile B und E im Stoffbruch zuschneiden. Die Vlieseinlage ohne Nahtzugabe zuschneiden. Alle Markierungen der Schnittmuster auf die Schnittteile übertragen.

Oberstoff:
2x Schnittteil A „Vorderteil"
1x Schnittteil B „Rückenteil"
2x Schnittteil C „Ärmel"
(nur Bluse mit Ärmel)
2x Schnittteil D „Knopfleiste"
2x Schnittteil E „Kragen"
2x Schnittteil F „Schrägstreifen"
(nur Bluse ohne Ärmel)

Vlieseinlage:
1x (Seide) / 2x (Plissee) Schnittteil E „Kragen"
2x Schnittteil D „Knopfleiste"

Schnittmusterbogen 2B

Bluse mit Ärmel

Webkante

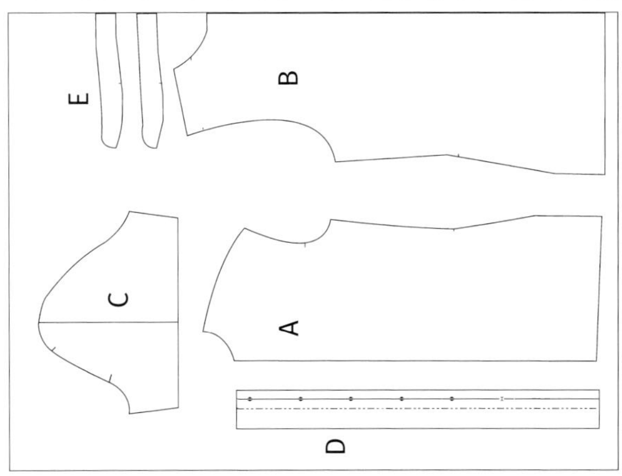

Stoffbruch

Hinweis:

Bei dem Plisseestoff den Halsausschnitt, die Armausschnitte, die Ärmelsaumkanten und die Saumkante vor dem Verarbeiten mit Geradstich steppfüßchenbreit abnähen, damit sich der Plissee nicht auseinanderzieht.

Bluse ohne Ärmel

Webkante

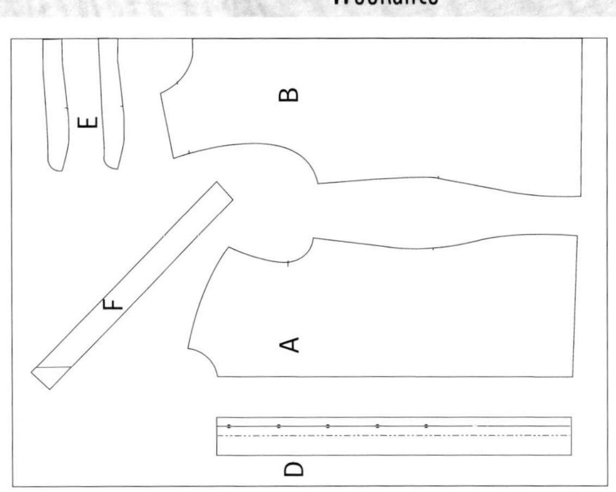

Stoffbruch

Hilfreiche Grundlagen auch als Online-Video

Bluse ohne Ärmel

1. Die Vlieseinlage nach Herstelleranleitung auf die linke Seite der Knopfleiste (D) bügeln.

2. Je eine Knopfleiste gemäß Markierung rechts auf rechts an der vorderen Kante eines Vorderteils (A) mit Stecknadeln fixieren und annähen. Die Nahtzugabe in die Knopfleiste bügeln. Die Nahtzugabe an der langen gegenüberliegenden Seite der Knopfleiste nach innen bügeln. Die Knopfleiste an der Umbruchlinie links auf links umschlagen und die Kante bügeln. Die links liegende, umgebügelte Kante der Knopfleiste mit Stecknadeln an der vorderen Ansatznaht fixieren und ggf. heften. Von rechts schmal neben der Ansatznaht auf der Knopfleiste absteppen.

3. Zum Kräuseln am Vorderteil eine Naht mit großem Steppstich knappkantig entlang der Schulterkante nähen, dabei die Nahtenden nicht verriegeln. Parallel zu dieser Naht im Steppfüßchenabstand eine weitere Steppnaht setzen, ohne die Enden zu verriegeln.

4. Die Fadenenden der Steppnähte an einer Seite verknoten. Auf der anderen Seite der Naht vorsichtig an den Unterfäden ziehen, dabei den Stoff auf die Schulterbreite des Rückenteils (B) einkräuseln.

5. Die Vorderteile rechts auf rechts auf das Rückenteil legen. Die Schulternähte mit Stecknadeln vom Vorderteil aus fixieren, dabei die Passzeichen beachten, und zusammennähen. Die Seitennähte mit Steckadeln fixieren und zusammennähen. Die Nahtzugaben versäubern und zum Rückenteil bügeln. Die Kräuselfäden herausziehen.

6. Von rechts eine Naht parallel zur Schulternaht auf dem Rückenteil steppen. Dabei die Nahtzugabe mitfassen.

7. Die Vlieseinlage für den Kragen nach Herstelleranleitung auf die linke Seite eines Kragenteils (E) aus Seide bügeln. Bei dem Plisseestoff Vlieseinlage auf beide Kragenteile bügeln.

8. Die Kragenteile rechts auf rechts legen und mit Stecknadeln fixieren und zusammennähen, dabei die untere Kante offen lassen. Die Nahtzugabe schmal verschneiden und vorsichtig mehrmals bis zur Stepplinie einknipsen. Den Kragen wenden und an der Kante bügeln.

9. Die Kragenseite mit Vlieseinlage mit Stecknadeln am Halsausschnitt fixieren und annähen. Dabei treffen die Passzeichen aufeinander. Die Nahtzugabe in den Kragen bügeln. Die Nahtzugabe der noch offenen Kragenkante nach innen bügeln und mit Stecknadeln am vorderen Kragenteil fixieren, ggf. heften. Von rechts knapp neben der Ansatznaht auf den Kragen steppen.

10. Die Schrägstreifen (F) jeweils rechts auf rechts an der schmalen Kante zusammennähen. Die Nahtzugabe auseinanderbügeln. Den Schrägsteifen (F) der Länge nach zur Hälfte links auf links bügeln.

11. Den Schrägstreifen mit den offenen Kanten rechts auf rechts mit Stecknadeln am Armloch fixieren, dabei trifft die Naht auf die Seitennaht der Bluse, und annähen. Mehrmals vorsichtig die Nahtzugabe bis zur Stepplinie einknipsen. Den Schrägstreifen nach innen umschlagen und bügeln. Von links die Bruchkante des Schrägstreifens an der Bluse feststecken und feststeppen.

12. Den Blusensaum zweimal 1,5 cm einschlagen, mit Stecknadeln fixieren und annähen.

13. Die Knopflöcher gemäß Schnittvorlage auf der rechten Knopfleiste (vordere Mitte) vom Punkt nach unten anzeichnen, am Kragen gemäß Markierung. Die Knopflöcher mit Knopflochstich nähen und anschließend mit einem Nahttrenner aufschneiden.

14. Die Knöpfe auf der linken Knopfleiste nach Schnittvorlage annähen.

15. Die Bluse zum Schluss von links bügeln.

Bluse mit Ärmel

1. Wie die Bluse ohne Ärmel in Schritt 1–9 nähen.

2. Die Ärmel (D) jeweils rechts auf rechts legen, die untere Ärmelnaht mit Stecknadeln fixieren und zusammennähen. Die Nahtzugaben versäubern und bügeln. Die Ärmel nach rechts wenden.

3. Die Ärmelsäume zweimal 1,5 cm nach innen schlagen, mit Stecknadeln fixieren und annähen.

4. Die Ärmel jeweils rechts auf rechts in die Armausschnitte der Bluse schieben, dabei die Passzeichen im Vorderteil beachten. Mit Stecknadeln fixieren und von der Ärmelseite aus einnähen. Die Nahtzugabe versäubern und in den Ärmel bügeln.

5. Wie die Bluse ohne Ärmel in Schritt 12–15 weiternähen.

Mix it!

Like you want it!

Cardigan

Größe
34-46

Material

Jersey in Rosa-Beige, 150 cm breit, 205 cm (Gr. 34-38), 210 cm (Gr. 40-42), 220 cm (Gr. 44), 230 cm (Gr. 46) • Vlieseinlage: Vlieseline H180, 5 cm x 30 cm • Nähgarn in Beige

Zuschneiden

Die Schnittteile gemäß Zuschneideplan bei doppelter Stofflage mit 1 cm Nahtzugabe und 2 cm Zugabe an der vorderen Kante, dem rückwärtigen Halsausschnitt, dem Saum und den Ärmelsäumen zuschneiden. Darauf achten, dass der Fadenlauf parallel zur Webkante liegt. Schnittteil B im Stoffbruch zuschneiden. Die Vlieseinlage ohne Nahtzugabe zuschneiden. Alle Markierungen der Schnittmuster auf die Schnittteile übertragen. Im Vorderteil (A) die Linien für die Tasche auf die rechte und die linke Stoffseite übertragen.

Oberstoff:
2x Schnittteil A „Vorderteil"
1x Schnittteil B „Rückenteil"
2x Schnittteil C „Ärmel"
2x Schnittteil D „Tasche"

Vlieseinlage:
2x Zuschnitt für obere Taschenkante, 2 cm x 18 cm
4x Zuschnitt für Ansatzverstärkung Tasche, 2 cm x 2 cm

Schnittmusterbogen 3A+B

Hinweis:

Stellen Sie zum Nähen von Jersey einen elastischen Stretchstich an Ihrer Nähmaschine ein oder verwenden Sie eine Overlock-Maschine.

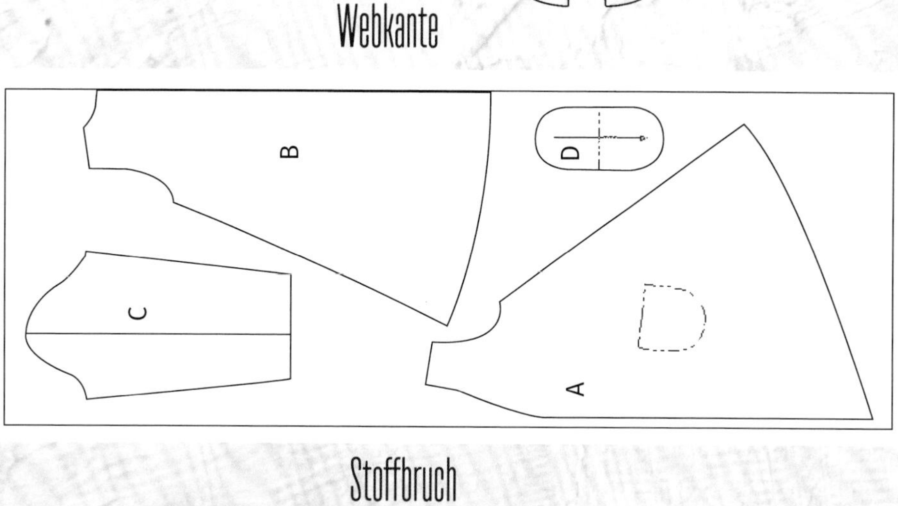

Anleitung

1. Die beiden Vliesstreifen nach Herstelleranleitung auf der linken Stoffseite der Taschenteile (D) mittig über die Umbruchlinie bügeln.

2. Die Taschenteile an der Umbruchlinie rechts auf rechts falten. Die offenen Kanten mit Stecknadeln fixieren. Die Kanten rundherum zusammennähen, dabei eine 3 cm lange Wendeöffnung lassen. Die Nahtzugabe verschneiden und Taschen wenden.
Die Kanten bügeln.

3. Die obere Taschenkante knappkantig absteppen.

4. Die Zuschnitte für die Verstärkung des Taschenansatzes auf der linken Stoffseite der Vorderteile (A) jeweils zentriert auf die Ecken bügeln.

5. Die Taschen jeweils gemäß Markierung mit Stecknadeln auf der rechten Stoffseite der Vorderteile fixieren und aufsteppen.

6. Die Vorderteile rechts auf rechts auf das Rückenteil (B) legen. Die Seitennähte und Schulternähte mit Stecknadeln fixieren und zusammennähen. Die Nahtzugabe versäubern und zu einer Seite bügeln.

7. Die Ärmel (C) jeweils der Länge nach rechts auf rechts falten. Die untere Ärmelnaht mit Stecknadeln fixieren und zusammennähen. Die Nahtzugaben versäubern und bügeln.

8. Den Ärmelsaum jeweils zweimal 1 cm nach innen schlagen, mit Stecknadeln fixieren und annähen.

9. Die Ärmel jeweils rechts auf rechts in den Armausschnitt schieben, dabei die Passzeichen beachten, und mit Stecknadeln fixieren. Die Ärmel von der Ärmelseite aus einnähen. Die Nahtzugaben versäubern und in den Ärmel bügeln.

10. Den Saum zweimal 1 cm einschlagen und mit Stecknadeln fixieren. Absteppen.

11. Die Nahtzugabe am rückwärtigen Halsausschnitt mit dem Bügeleisen etwas dehnen.

12. Die vordere Kante und den hinteren Halsausschnitt zweimal 1 cm einschlagen und mit Stecknadeln fixieren. An der vorderen Spitze (Unterkante) die eingeschlagene Spitze des Vorderteils etwas verschneiden, den Rest nach innen in die umgeschlagene Kante schieben. Vorderkanten und Halsausschnitt ringsherum absteppen.

13. Den Cardigan zum Schluss von links bügeln.

... oder kombiniere neu!

Probiers mal so …

Fashion & Style

Blouson

Material

Stretchsatin in Grau, 150 cm breit, 155 cm (Gr. 34-38), 155 cm (Gr. 40-42), 175 cm (Gr. 44-46) • Futterstoff in Weiß, 140 cm breit, 120 cm (Gr. 34-38), 125 cm (Gr. 40-42), 130 cm (Gr. 44-46) • Vlieseinlage: Vlieseline H180, 5 cm x 20 cm • Reißverschluss in Grau, 2x 15 cm und 60 cm • Gummilitze in Weiß, 6 cm breit, Länge: Gesäßumfang + 3 cm • Gummilitze in Weiß, 4 cm breit, Länge: 2x Handgelenkumfang + 3 cm • Nähgarn in Grau und Weiß

Größe

34-46

17. Den langen Reißverschluss öffnen. Die Reißverschlusshälfte mit Schieber so mit Stecknadeln auf dem Untertritt fixieren, dass die Reißverschlusszähne mittig auf dem Untertritt liegen, der Schieber liegt nach oben. Den Reißverschluss mit dem Reißverschlussfuß der Nähmaschine annähen.

18. Die Reißverschlussteile jeweils rechts auf rechts an der vorderen Kante, von der Bundmitte bis zur oberen Kragennaht mit Stecknadeln fixieren, ggf. heften und annähen. Bei der linken Reißverschlussseite liegt der Reißverschluss zwischen Vorderteil und Untertritt.

19. Die Futterteile A, B und C wie in Punkt 7, 8 und 9 zusammennähen, dabei jedoch in einer unteren Ärmelnaht eine ca. 15 cm lange Wendeöffnung lassen.

20. Das noch nicht angenähte Kragenteil auf rechts umschlagen. Beide Kragenteile liegen jetzt rechts auf rechts.

21. Das Futter am Halsausschnitt mit Stecknadeln rechts auf rechts an der offenen Kragenkante fixieren und annähen. Der Aufhänger liegt dazwischen.

22. Den Bund rechts auf rechts zur Hälfte umschlagen. Die Saumkante des Futters mit Stecknadeln rechts auf rechts an der offenen Bundkante fixieren und annähen.

23. Die vordere Futterkante (vordere Mitte) mit dem Vorderteil, den halben Bund und den Kragen rechts auf rechts mit Stecknadeln fixieren. Der Reißverschluss und der Untertritt liegen zwischen der fixierten Naht. Das Futter annähen.

24. Den Kragen wenden und die Ansatznähte mit Stecknadeln fixieren. Die beiden Nahtzugaben zusammennähen.

25. Den Bund wenden und an der Nahtzugabe von Reißverschluss/Bund die 6 cm breite Gummilitze annähen. Die Ansatznähte des Bunds mit Stecknadeln aufeinander fixieren, die Gummilitze liegt dazwischen. Die beiden Nahtzugaben zusammennähen, dabei so weit wie möglich bis an die vordere Kanten nähen.

26. Die Futter- und die Oberstoffärmel nach links ziehen. Die Saumkante des rechten Futterärmels an der Ansatznaht der rechten Manschette mit Stecknadeln fixieren und annähen. Dabei darauf achten, dass die Ärmel nicht verdreht sind und dass die unteren Ärmelnähte aufeinanderliegen. Den linken Ärmel genauso nähen.

27. Die Jacke vorsichtig durch die Wendeöffnung wenden. Die Öffnung von rechts mit Stecknadeln fixieren und mit Steppstich knappkantig zusammennähen.

28. Die 4 cm breite Gummilitze jeweils durch die Öffnung in die Manschette einziehen. Die Enden jeweils 1,5 cm übereinanderlegen und zusammensteppen. Von rechts mittig auf der Manschette eine Naht mit großem Stich steppen, dabei die Manschette (E) vorn und hinten auseinanderziehen, sodass der Gummi gedehnt wird.

29. Den Bund wie in Schritt 28 beschrieben einmal mittig mit großem Stich absteppen.

30. Die obere Kragenkante und den Reißverschluss knappkantig absteppen.

31. Den Blouson zum Schluss von rechts bügeln.

Kombinier dich glücklich!

immer das Passende für jede Gelegenheit!

I H
NOT
TO W

Zuschneiden

Mithilfe der Papierschnittteile werden Stoff und Zutaten (Futter, Einlage) zugeschnitten, dabei sollte man wirtschaftlich und ohne unnötigen Verschnitt mit den Materialien umgehen. Der Zuschneideplan aus der Anleitung hilft beim platzsparenden und korrekten Platzieren der Schnittteile. Darüber hinaus benötigen Sie folgende Materialien für das Markieren, Stecken, Zuschneiden und Nähen.

1 Knöpfe
2 Sicherheitsnadeln
3 Durchzugsnadel
4 Nahttrenner
5 Handnähnadeln
6 Kopierrädchen
7 Fadenschere
8 Nadelkissen
9 Universalnähgarn
10 Trickmarker
11 Stoffschere
12 Heftgarn
13 Handmaß
14 Maßband

SCHNITTTEILE AUF DEM BOGEN FINDEN

Bei jeder Nähanleitung finden Sie eine Liste mit den benötigten Schnittteilen sowie einen Hinweis, auf welchem Schnittmusterbogen sich die Schnittteile befinden. Dort sind alle Schnittteile in den Größen 34 bis 46 abgedruckt. Die unterschiedlichen Größen erkennt man an den verschiedenen Linienarten. Die Größentabelle gibt Auskunft über die zugrundeliegenden Körpermaße (in Zentimetern).

Größe	**34**	**36**	**38**	**40**	**42**	**44**	**46**
Brustumfang	82	85	88	92	96	100	106
Taillenumfang	66	69	72	76	80	74	90
Gesäßumfang	91	94	97	101	105	109	114,5
Oberarmumfang	26	27	28	29,5	31	32	34,5
Seitenlänge (Hosenseitennaht)	105	106	106	106,5	107	107	108
Oberschenkelumfang	56	57	59	60,5	62	64	66
Fesselumfang	22,5	23	23	23,5	24	24,5	25

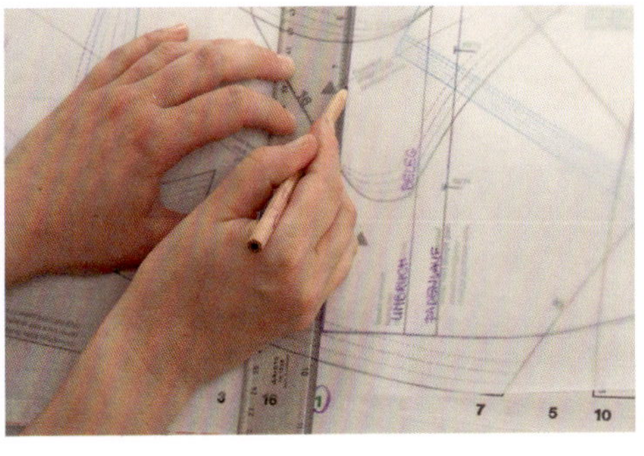

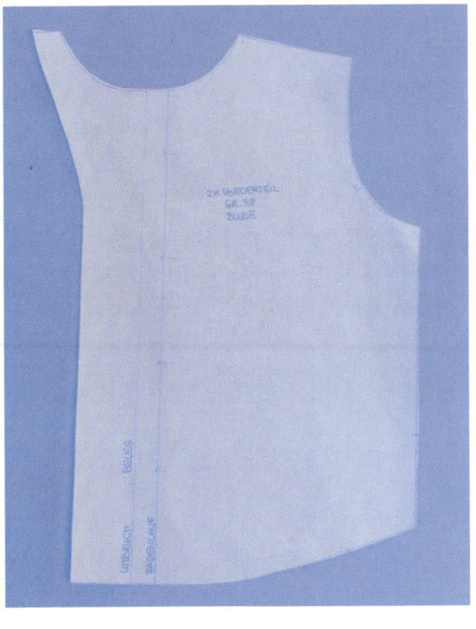

ABPAUSEN DER SCHNITTTEILE

Zum Abpausen des kompletten Schnittes werden alle Schnittteile und notwendigen Markierungen (siehe Hinweis unten) sauber und ordentlich mit einem spitzen Stift und einem Lineal vom Schnittbogen auf das durchscheinende Transparentpapier, auch Kopierpapier genannt, mit etwas Abstand zueinander übertragen. Dazu liegt der Schnittbogen unter dem durchscheinenden Kopierpapier auf einer ebenen, ausreichend großen Fläche.
Beim Abpausen dürfen sich die Schnittteile nicht mehr überlappen, da jedes Teil später einzeln ausgeschnitten wird, um auf den Stoff gelegt zu werden.
Es müssen auch die „vermaßten Teile“, d. h. die Teile, die in der Anleitung nur mit Maßangaben bezeichnet sind, konstruiert werden. Dabei handelt es sich meist nur um rechteckige Teile, wie z. B. Gürtelschlaufen oder Zuschnitte für Vlieseinlagenverstärkungen.

HINWEIS:

Markierungen oder Schnittzeichen wie z. B. Passzeichen, Nahtzahlen, Faltenzeichen, Umbruch, Fadenlauf, Ansatzlinien für Taschen, vordere Mitte, rückwärtige Mitte, Reißverschlussende usw. helfen beim späteren Nähen. Deshalb sollten sie unbedingt beim Abpausen der Schnittteile übernommen werden.

SCHNITTZEICHEN UND BEGRIFFE

Beim Abpausen der Schnittteile stößt man auf sogenannte Schnittzeichen. Diese sind für das Zuschneiden und spätere Nähen wichtig, daher ist es sinnvoll, sie beim Kopieren mit zu übernehmen (siehe Seite 115/116).

ABNÄHER werden im Schnitt bei Kontakt zu Nähten als Dreiecke und im Innern des Schnittteils liegend als Rauten eingezeichnet. Sie müssen ebenso kopiert und später auch genäht werden. Abnäher sind eine einfache und wichtige Methode, um überschüssige Mehrweite wegzunehmen, ohne dabei in den Stoff schneiden zu müssen.

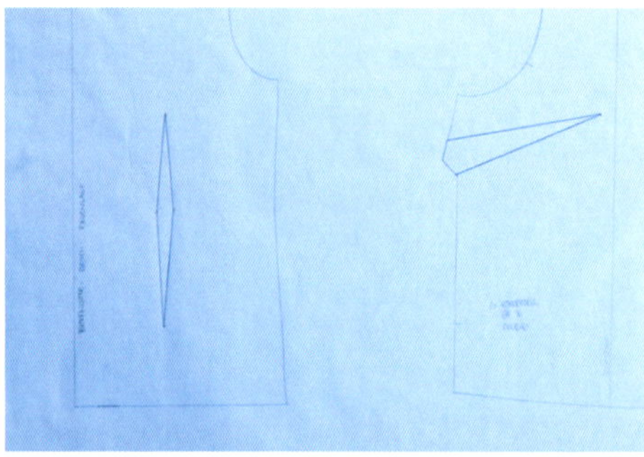

ANSATZLINIEN für Taschen, Gürtelschlaufen o. Ä. werden oft nur angedeutet und nicht durchgängig eingezeichnet. Vom Schnitt übernehmen und benutzen, man kann sie eventuell auch verlegen.

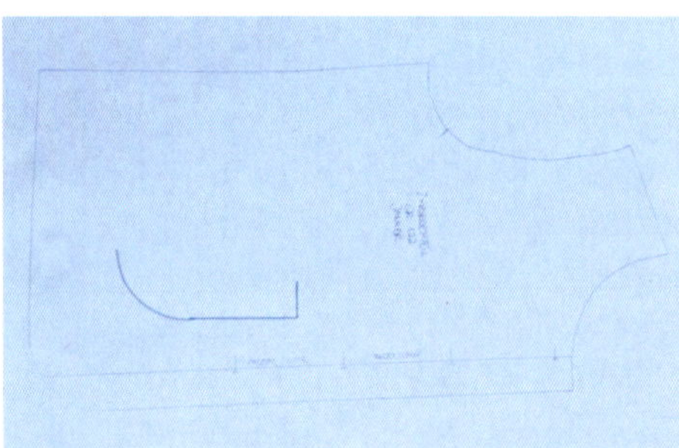

ÄRMELEINSETZZEICHEN
Ein Passzeichen, das beim Ärmel einsetzen hilft. Die Markierung am Ärmel trifft auf die Markierung, die im Vorderteil zu finden ist.

FADENLAUF, entspricht der Richtung der Kettfäden. Der eingezeichnete Fadenlauf auf den Schnittteilen muss später beim Zuschnitt mit dem tatsächlichen Fadenlauf des Stoffes übereinstimmen. Fadenlauf, Webkanten und Stoffbruch sind Parallelen. Es gibt auch Teile, die absichtlich im schrägen Fadenlauf zugeschnitten werden, z. B. Schrägstreifen. Entsprechende Angaben aus dem Schnitt immer übernehmen und beim Zuschnitt berücksichtigen.

Zeichen im Schnitt: ⟶

FALTENZEICHEN Die Falten in Pfeilrichtung einlegen (siehe Seite 121). Auch hier die Faltenzeichen sowie Bruch und Anstoßline in den Papierschnitt übernehmen.

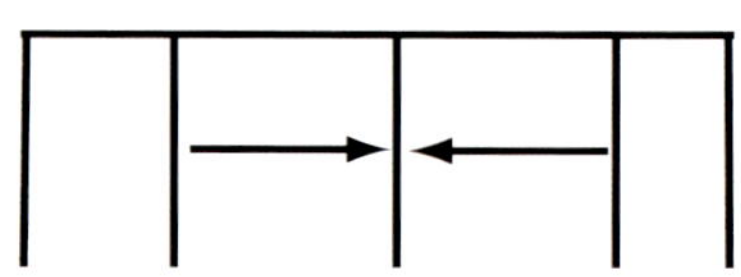

KNOPF Er ist passend zum Knopfloch anzunähen. Wenn vorhanden auch diese Markierung auf Schnitt und Stoff übernehmen.

1 1

KNOPFLOCH Auch auf den Papierschnitt übernehmen und mit einer Nadel auf den Stoff übertragen, wenn es an das Nähen des Knopfloches geht (siehe Seite 123). Die Knopflochlänge entspricht dem Durchmesser des Knopfes.

NAHTZAHLEN Jeweils zusammengehörige Zahlen treffen später beim Nähen aufeinander.

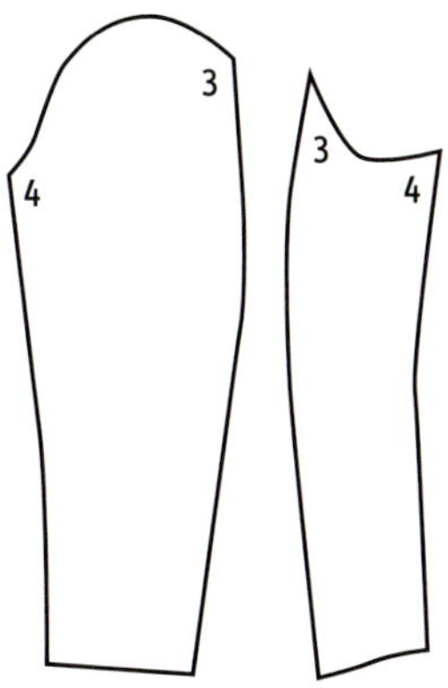

NAHTZUGABEN Der Stoffrand zwischen Naht und Schnittkante ist wichtig, damit die Naht später nicht wieder aufgeht. Würde man die Nahtzugabe nicht extra anzeichnen, wäre das fertige Stück genau um diesen Betrag zu klein. Mit wie viel Nahtzugabe die Schnittteile jeweils zugeschnitten werden, verrät die Zuschneideanleitung.

PASSZEICHEN Beim Nähen langer Nähte helfen Passzeichen. Sie unterteilen eine lange Strecke in mehrere kürzere und überschaubarere Abschnitte. Die kleinen Querstriche, hier an der Taille einer langen Seitennaht, treffen am Vorder- und Rückenteil aufeinander.

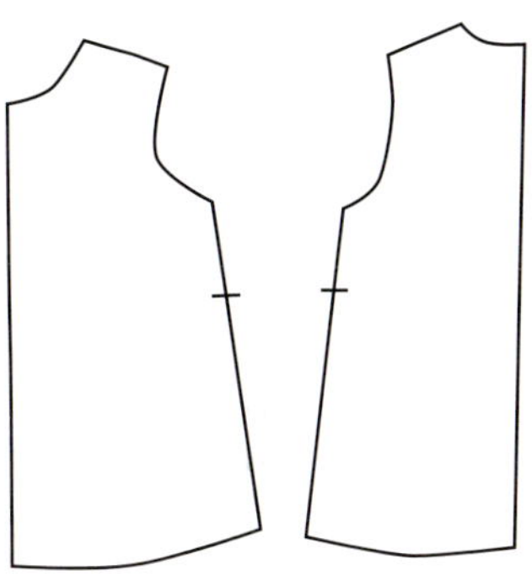

RÜCKWÄRTIGE MITTE ist das Gegenstück zu der vorderen Mitte.

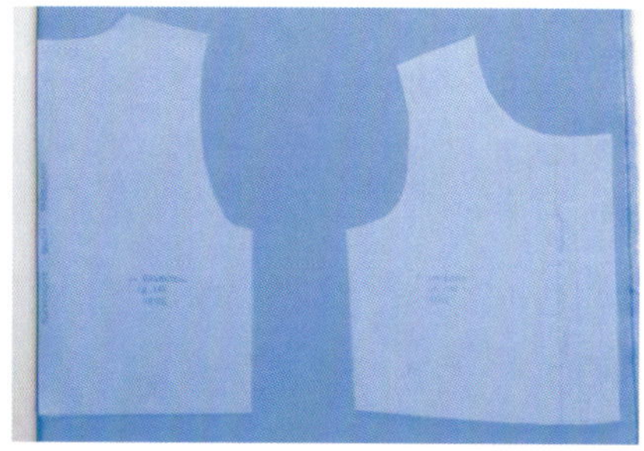

STOFFBRUCH Hier bricht der Stoff um, sodass zwei Stofflagen übereinanderliegen. Ein Teil, das man im Stoffbruch anlegt (links im Bild), wird nach dem Zuschneiden doppelt so breit – ohne Naht. Im Schnittmuster ist der Stoffbruch stets gekennzeichnet. Mit der Stoffbruchlinie wird das Schnittteil am Stoffbruch angelegt. Im Zuschneideplan ist es ebenfalls so dargestellt. Der Stoffbruch ist das Gegenteil der Webkanten (siehe unten). Legt man ein Schnittmuster an der Webkante an (rechts im Bild), erhält man bei doppelter Stofflage zwei Schnittteile.

UMBRUCHLINIEN An diesen Linien wird meist etwas „umbrochen“, also umgeklappt, z. B. ein Saum.

VORDERE MITTE ist die Bezeichnung für eine gedachte Linie, die den Körper in Längsrichtung in zwei gleiche Hälften teilt, wie bei einer Mittelsenkrechten. Diese Linie ist im Schnitt tatsächlich oft eingezeichnet, da sie symmetrisches Arbeiten ermöglicht. Besonders wichtig ist die vordere Mitte auch beim Zuschnitt von gemusterten Stoffen als Symmetrieachse. Rechts und links davon geht das Muster symmetrisch weiter. In der Praxis ist in der vorderen Mitte bei Oberteilen z. B. oft ein Verschluss zu finden, bei einfachen Röcken liegt die vordere Mitte oft am Stoffbruch und bei Hosen kann eine Naht eingearbeitet sein.

WEBKANTEN sind rechts und links an der geöffneten Stoffbahn. Die Stoffbreite entspricht der Breite des Webstuhls und die Webkanten liegen an den seitlichen Begrenzungen des Webstuhls. Zur besseren Handhabung werden breite Stoffe in der Mitte zusammengelegt. Deshalb liegen dann beide Webkanten aufeinander. Die so in doppelter Stofflage liegenden Stoffe werden dann als „doppelt breit“ bezeichnet.

DEN STOFF VORBEREITEN

Ist der Stoff bereits gefaltet und liegt doppellagig, kann man ihn für den Zuschnitt sofort verwenden. Einige Schnittteile werden direkt an den Stoffbruch angelegt, oder es werden zwei (spiegelverkehrte) Zuschnitte eines Schnittteils benötigt, sodass man in diesem Fall nur einmal zuzuschneiden braucht.

Einige Schnitte (z.B. Top, Seite 76) erfordern ein Umfalten beider Webkanten (siehe Seite 113) des Stoffes zur Stoffmitte, da sowohl im Vorder- als auch im Rückenteil des Schnittes eine Bruchlinie benötigt wird. Die Webkanten stoßen dadurch auf der ursprünglichen Bruchkante aneinander, und man erhält an beiden Seiten neue Bruchkanten.

SCHNITTTEILE AUFLEGEN

Zunächst werden alle Papierschnittmuster laut Zuschneideplan mit genügend Abstand zueinander auf den Stoff gelegt und mit Stecknadeln fixiert. Ist nichts anderes angegeben, legt man den Papierschnitt mit der beschrifteten Seite nach oben auf den doppellagigen Stoff. Der auf den Schnittteilen angegebene Fadenlauf muss dabei parallel zur Webkante bzw. zum Stoffbruch verlaufen. Schnittteile, die im Stoffbruch zugeschnitten werden, werden mit der entsprechenden Linie im Schnittmuster ohne Nahtzugabe am Stoffbruch angelegt.

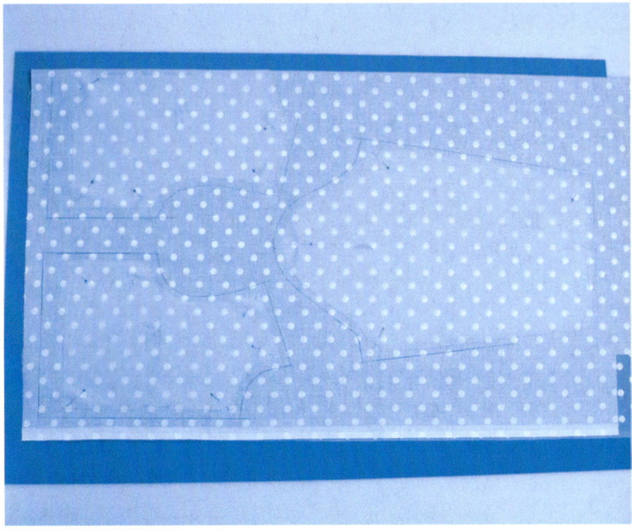

ÜBERTRAGEN DER KONTUREN

Zunächst den rechts auf rechts gefalteten Stoff auf einer ebenen, harten Oberfläche ausbreiten. Ein Kopierrädchen, Kopierpapier – dies ist ein mit Kreidestaub bedecktes etwas dickeres Papier, das im Handel in verschiedenen Farben erhältlich ist – sowie Schneiderkreide oder Kreidestifte/Trickmarker bereitlegen. Das Kopierpapier wird mit der Kreidestaubseite nach oben unter den Stoff geschoben. Mit dem Kopierrädchen umfährt man mit etwas Druck alle Schnittkonturen, Abnäher und Passzeichen. Auf der Stoffrückseite zeichnen sich fein gepunktete Linien ab. Die Schnittkonturlinie ist die Nählinie, auf der später genäht wird.

ANZEICHNEN DER NAHTZUGABEN

Rings um alle Schnittteile werden – parallel zur Nählinie – die Nahtzugaben mit Kreidestift oder Trickmarker angezeichnet. Die Nahtzugabe beträgt normalerweise 1 cm, an Säumen oder Schlitzen ggf. mehr. Manchmal werden Schnittteile auch ohne Nahtzugabe zugeschnitten. Wie viel Nahtzugabe jeweils angezeichnet werden soll, steht in der Anleitung.

ZUSCHNEIDEN

Mit einer scharfen Stoffschere werden alle Teile entlang der Nahtzugabenlinie ausgeschnitten.

KOPIEREN DER MARKIERUNGEN AUF DIE ZWEITE SEITE

Um die Nählinie und die Markierungen auf die linke Stoffseite des anderen Schnittteils zu übertragen, die Stecknadeln an den festgesteckten Schnittteilen lösen, den Papierschnitt entfernen und das zugeschnittene Teil erneut fixieren, damit beide Teile nicht auseinanderfallen oder verrutschen. Den Papierschnitt bis zur weiteren Verwendung zur Seite legen. Die zugeschnittenen Stoffschnittteile wenden und mit den zuvor eingezeichneten Markierungen nach oben erneut auf das Kopierpapier legen. Mit dem Kopierrädchen nochmals alle Markierungen und Konturen nachfahren. Die zweite Nählinie ist schneller eingezeichnet, wenn man vor dem Entfernen der Papierschnittteile die Konturen mit einem feinen Kreidestift oder Trickmarker nachzeichnet.

VERARBEITUNG DER VLIESEINLAGE

Für den Zuschnitt der Vlieseinlage werden die Papierschnittteile, mit denen auch der Oberstoff zugeschnitten wird, verwendet. Ob die Einlage mit oder ohne Nahtzugabe zugeschnitten wird, steht in der Anleitung. Die zugeschnittenen Vlieseinlagenteile mit der rauen (Klebe-)Seite auf die linke Stoffseite legen und nach Herstelleranleitung (am Rand der Einlage aufgedruckt) aufbügeln.

VLIESBÄNDER ZUM AUFBÜGELN

Bundfix ist eine Nähhilfe für exakte Bündchen, Säume oder Knopfleisten. Beim Aufbügeln liegt die Stanzlinie auf der Umbruchlinie des Stoffes. Formband verstärkt schräge oder runde Stoffkanten. Beim Aufbügeln ist darauf zu achten, dass die Stepplinie des Bandes entlang der späteren Nahtlinie aufgelegt wird.

Nähen

Ganz gleich, ob Sie mit der Maschine oder von Hand nähen, wenn Sie ein gutes Ergebnis erzielen möchten, sollten Sie sich für jeden Arbeitsgang genügend Zeit nehmen. Außerdem ist es wichtig, grundlegende Maschinen- und Handstiche sowie Nähtechniken zur Bearbeitung von Knopflöchern, Säumen und Stoffkanten zu kennen.

SCHNITTTEILE MIT STECKNADELN FIXIEREN

Vor dem Nähen werden zwei zusammengehörige Schnittteile mit Stecknadeln fixiert. Dazu werden am Anfang, Ende und in der Mitte Stecknadeln, längs oder oft auch quer zur Naht, in entsprechenden Abständen durch beide Stoffteile gesteckt. Kurz vor dem Übernähen die Nadeln entfernen, damit die Nähmaschinennadel nicht zerbricht oder durch die Stecknadel abgelenkt wird.

SCHNITTTEILE HEFTEN

Heften ist das vorübergehende Fixieren von Stofflagen mit dem Heftstich, damit sie beim Nähen nicht verrutschen. Am besten einen kontrastfarbigen, locker gedrehten und daher leicht reißbaren Faden verwenden. Die Nadel wie beim Weben gleichmäßig einmal von oben nach unten ein- und ein Stück weiter wieder nach oben ausstechen. Die Stichlänge und Abstände sind auf Stoffober- und -unterseite gleich lang, meist ca. 5-10 mm. Nach dem Zusammensteppen mit der Nähmaschine wird der Heftfaden wieder entfernt.

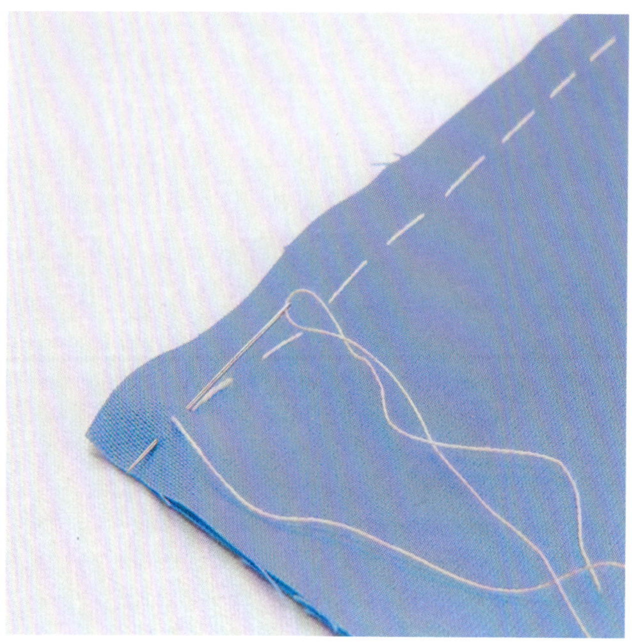

EINFACHE NAHT

Die sogenannte einfache oder gerade Naht oder Steppnaht ist die einfachste und am häufigsten angewandte Nahttechnik, um zwei oder mehr Teile zusammenzusetzen. Genäht wird sie mit dem Gerad- oder Steppstich mit einer Stichlänge von 2,5 mm und dem Standard- oder Geradstichnähfuß mit Rundloch. Mit drei bis vier Rückstichen am Nahtanfang und Nahtende wird die Naht gesichert oder verriegelt, damit sie nicht wieder aufgeht. Zwei Teile rechts auf rechts aufeinanderlegen, Stoffkanten mit Stecknadeln zusammenstecken, Nählinie markieren, mit Geradstich auf der markierten Linie nähen, dabei nach und nach die Stecknadeln herausziehen. Anfang und Ende der Naht mit einigen Rückstichen sichern (Betätigen der Rückwärtsnähtaste) oder die Fäden verknoten. Die Naht auseinanderbügeln, Kanten der Nahtzugaben mit Zickzackstich versäubern.

DEHNBARE MATERIALIEN NÄHEN

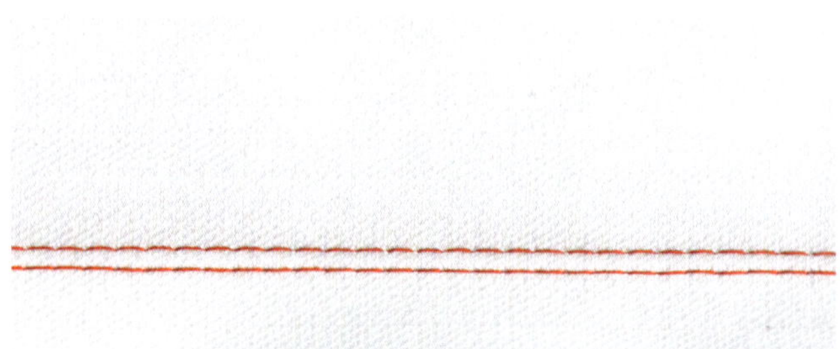

Zum Nähen von Stretch- und Wirkstoffen wie Jersey werden Stretchnadeln verwendet, deren leicht abgerundete Spitzen die elastischen Lycrafäden nicht aufsplissen können.
Um die Nähte elastisch und wellenfrei zu halten, werden dehnbare Stoffe mit Stretch- oder Overlockstichen (Abbildung unten) genäht. Viele Nähmaschinen sind zudem mit einem Obertransport bzw. Obertransportfuß ausgestattet, um die Stoffe von oben und unten gleichmäßig zu transportieren.
Auch mit einem schmalen Zickzackstich von 0,3 mm Stichbreite und 4 mm Stichlänge kann mit einer einfachen Nähmaschine ein annähernd elastischer Stich genäht werden. Saumnähte können auch mit einer Stretch-Zwillingsnadel (Abbildung oben) genäht werden. Die Oberfadenspannung sollte bei dieser Methode verringert werden.

NAHTZUGABE VERSÄUBERN

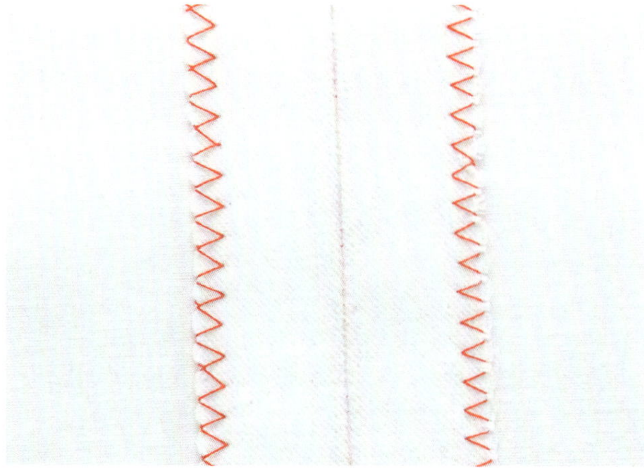

Die gängigste und schnellste Methode der Kantenversäuberung mit der Nähmaschine ist das Versäubern mit dem Zickzackstich (Stichbreite 2,5-5 mm, Stichlänge 1,5-3,5 mm).
Nach dem Schließen der Naht werden die Kanten der Nahtzugabe entweder einzeln oder bei dünneren Stoffen beide Stoffkanten gleichzeitig mit Zickzackstich übernäht. Beim Übernähen der Stoffkanten darauf achten, dass die Nadel abwechselnd in den Stoff und neben der Stoffkante ins „Leere“ sticht.
Die Stichlänge und Stichbreite richten sich nach der Stoffqualität: breite Zickzackstiche für stark fransende Stoffe, schmale Zickzackstiche mit größerer Stichlänge für wenig fransende Stoffe.

NAHTZUGABE VERSCHNEIDEN

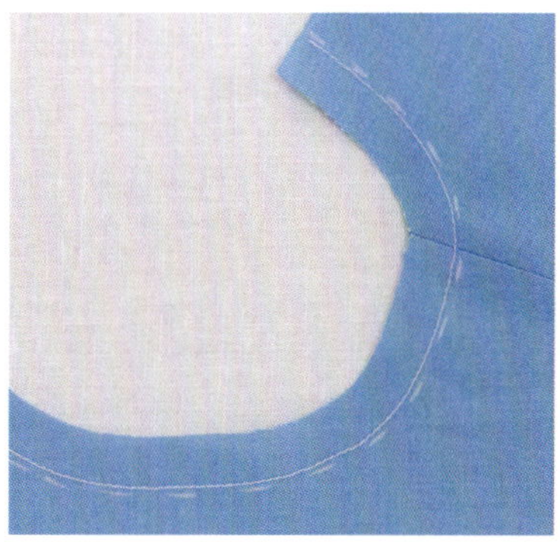

An Rundungen wird die Nahtzugabe nach dem Nähen leicht zurückgeschnitten, an Ecken schräg bis kurz vor die Naht abgeschnitten, damit die Naht nach dem Wenden nicht wulstig ist. Es sollte aber genügend Nahtzugabe vorhanden bleiben, damit die Naht nicht ausfranst.

NAHTZUGABE EINKNIPSEN

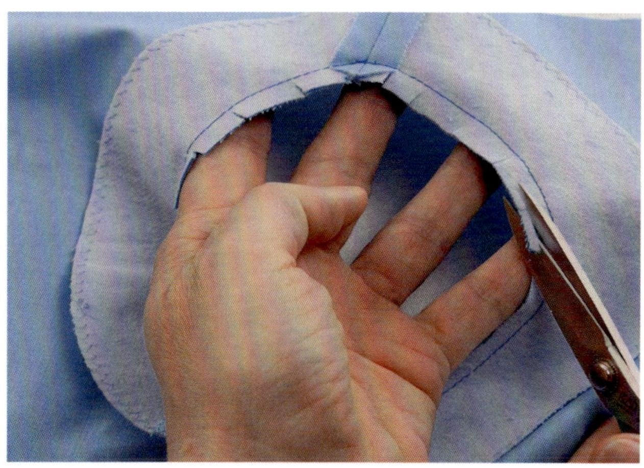

Beim Einknipsen wird die Nahtzugabe mit einer kleinen Schere mit scharfer Spitze senkrecht bis kurz vor die genähte Naht mehrmals eingeschnitten. So wird verhindert, dass die Nahtzugabe nach dem Wenden vor allem an Rundungen wulstig aufwirft.

BLINDSTICH

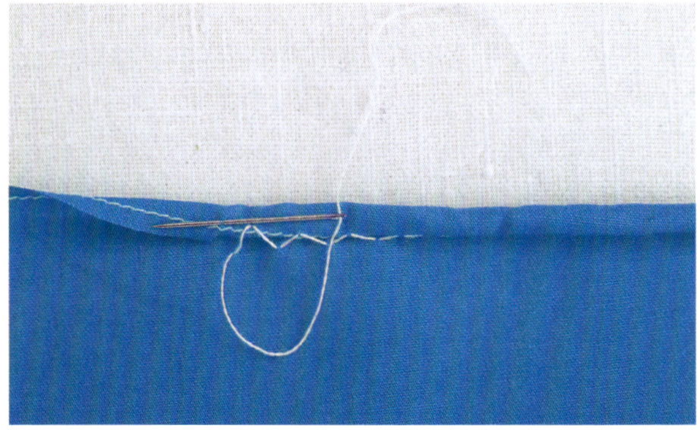

Mit dem Blindstich werden Säume von Hand angenäht. Die Saumzugabe einschlagen. Auf und neben der Bruchkante abwechselnd kurze Stiche arbeiten: Auf der oberen Stofflage der Saumzugabe etwa zwei bis vier Fäden erfassen. Den folgenden Stich etwas nach links versetzt neben der Kante ausführen, hier nur ein bis zwei Gewebefäden erfassen. Den Faden nicht zu fest anziehen.

MATRATZENSTICH

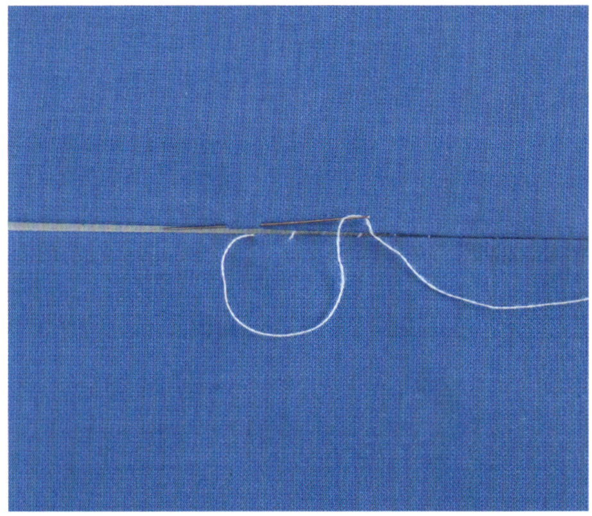

Der Matratzenstich (Leiterstich) eignet sich besonders gut, um zwei eingeschlagene Stoffkanten, z. B. an einer Wendeöffnung, die nur von außen zugänglich ist, von Hand zuzunähen. Auch wird der Matratzenstich zum Einnähen eines Futters verwendet. Im Bruch der gefalteten unteren Stoffkante ausstechen. Dann direkt gegenüber in die andere Bruchkante ein- und nach einer Stichlänge von ca. 6 mm ausstechen. Den nächsten Stich wieder exakt gegenüber in die untere Bruchkante einstechen, durchführen und nach gleicher Stichlänge ausstechen. Nach einigen Stichen den Faden anziehen, sodass sich die Kanten dicht zusammenfügen.

GERADER SAUMSTICH

Mit geradem Saumstich werden Belege von Hand angenäht. Knapp neben der Bruch- oder versäuberten Schnittkante des Stoffes ausstechen. Gegenüber in die einfache untere Stofflage neben der Bruchkante einstechen, dabei nur ein bis zwei Gewebefäden erfassen. Dann die Nadel schräg durch den Saumrand und ca. 6-10 mm nach links versetzt wieder ausstechen.

ÄRMEL EINSETZEN

Den Ärmel rechts auf rechts in den Armausschnitt schieben. Dabei liegt die untere Ärmelnaht auf der Seitennaht, das Passzeichen in der Ärmelrundung an der Schulternaht. Erst Passzeichen zusammenfügen, dann rundherum mit Stecknadeln fixieren. An der Seitennaht beginnend den Ärmel einsteppen. Den Ärmel immer von der Ärmelseite heften und steppen.

FALTEN NÄHEN

Falten sind mit zwei Linien markiert: Entlang der Bruchlinie (Faltlinie, Faltenbruch) wird der Stoff gefaltet, an der Anstoßlinie liegt die Bruchkante der Falte an. Die Legerichtung ist durch einen Pfeil angezeigt. Den Abstand zwischen den beiden Linien, also den inneren Faltenteil, nennt man Faltentiefe. Die Mitte der Faltentiefe heißt innere Bruchlinie (Innenkante). Die Falten einlegen und anschließend bügeln oder mit Stecknadeln fixieren. Wenn alle Falten genäht und zur richtigen Seite gebügelt sind, werden sie entlang der oberen Kante mit Maschinenstichen innerhalb der Nahtzugabe festgeheftet, um ein Verschieben während der Weiterverarbeitung zu vermeiden.

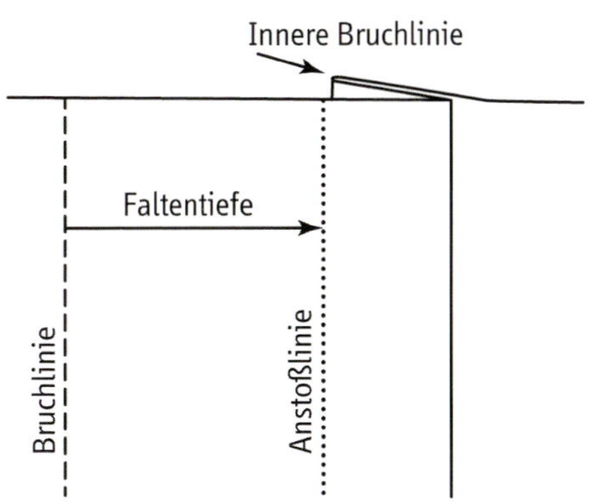

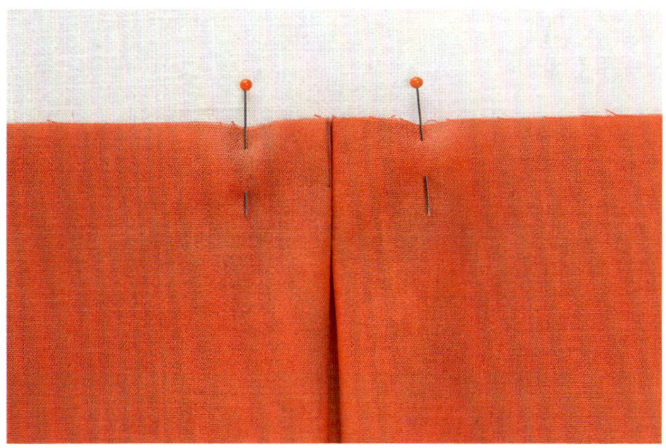

KRÄUSELN

Mit der Kräuseltechnik lässt sich Stoffweite zusammenfassen. Am zu kräuselnden Stoff ca. 3 mm rechts und links von der Nählinie entfernt zwei parallele Nähte steppen, dabei Anfangs- und Endfäden nicht vernähen, sondern jeweils 6 cm lang stehen lassen. An den Fadenenden ziehen und dadurch den Stoff auf die gewünschte Weite einkräuseln. Die Kräusel gleichmäßig über die Stoffbreite verteilen. Gekräuselten Stoff annähen, danach die Kräuselfäden herausziehen.

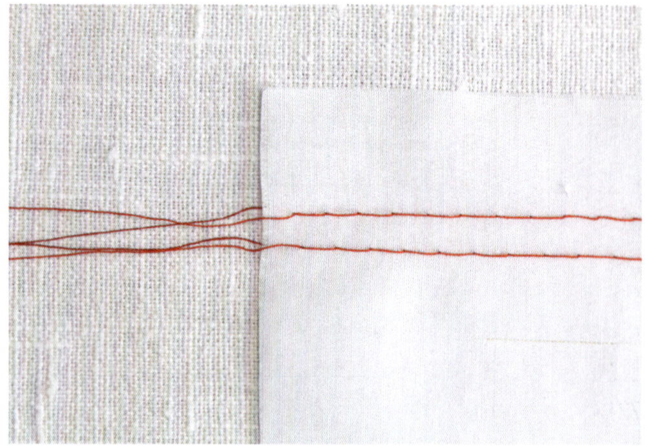

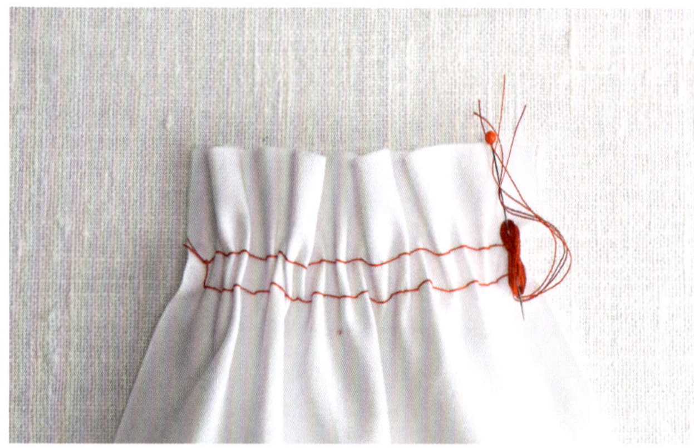

SCHRÄGSTREIFEN VERARBEITEN

Zum Einfassen runder Kanten am Hals- oder Armausschnitt werden Schrägstreifen verwendet. Sie werden diagonal zur Webrichtung im schrägen Fadenlauf zugeschnitten (siehe jeweils Zuschneideplan). Vor der Verarbeitung wird der Schrägstreifen mittig links auf links gebügelt, manchmal werden zusätzlich auch die langen Kanten zur Mitte gebügelt (Abbildung oben). Dabei kann man einen Schrägbandformer zu Hilfe nehmen (Abbildung unten).

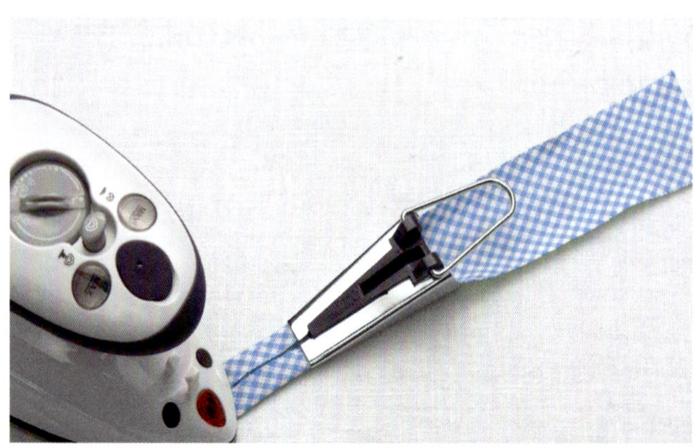

BELEGE ANNÄHEN

Runde Hals- und Armausschnitte, aber auch Säume werden manchmal mit einem Beleg eingefasst. Häufig ist das ein eigenes Schnittteil, manchmal ist der Beleg auch „angeschnitten", d.h. am entsprechenden Schnittteil enthalten (z.B. Vorderteil Longsleeve, Seite 88). Bei ärmellosen Kleidungsstücken ohne Kragen (z.B. Etuikleid, Seite 72) werden die Belege für Hals- und Armausschnitte in einem Stück zugeschnitten. Der Beleg wird meist mit Vlieseinlage verstärkt, rechts auf rechts an die Kanten gesteppt und die offenen Kanten im Kleidungsstück von Hand angenäht.

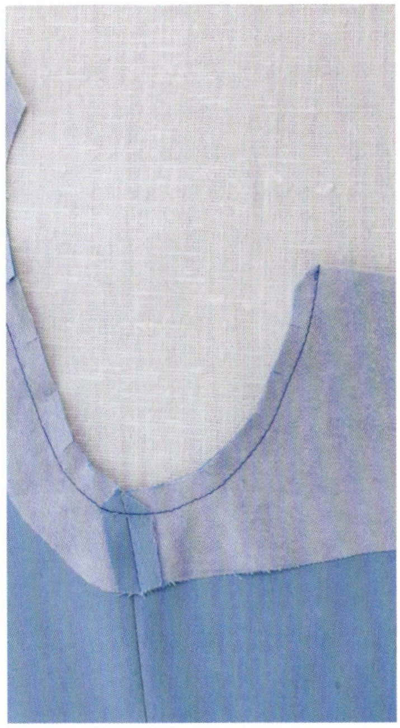

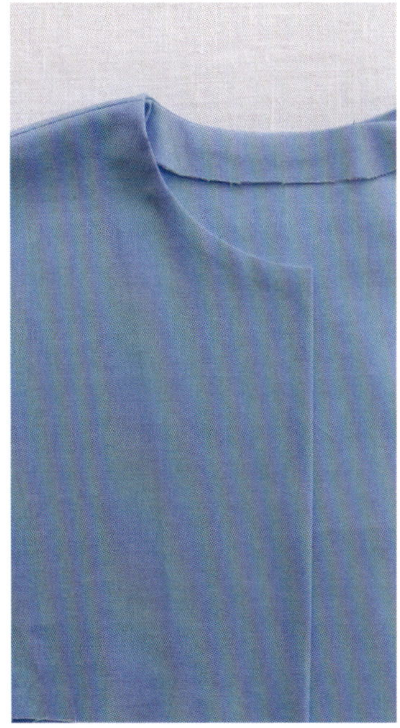

KNOPFLOCH

Um mit der Nähmaschine Knopflöcher zu nähen braucht man einen Knopflochfuß. Es gibt automatische Knopflöcher, die in einem Arbeitsgang genäht werden, und Knopflöcher, die in zwei bis vier Arbeitsschritten genäht werden (siehe Hinweise in Ihrem Maschinenhandbuch). Knopflöcher bestehen aus zwei langen Stichreihen, den sogenannten Raupen, die mit engen Zickzackstichen genäht sind, und aus zwei Riegeln, die aus breiten, auf der Stelle genähten Zickzackstichen bestehen. Die Riegel begrenzen und befestigen das Knopfloch. Nach dem Nähen werden die Knopflöcher mit einem Nahttrenner aufgeschnitten (Foto rechts).

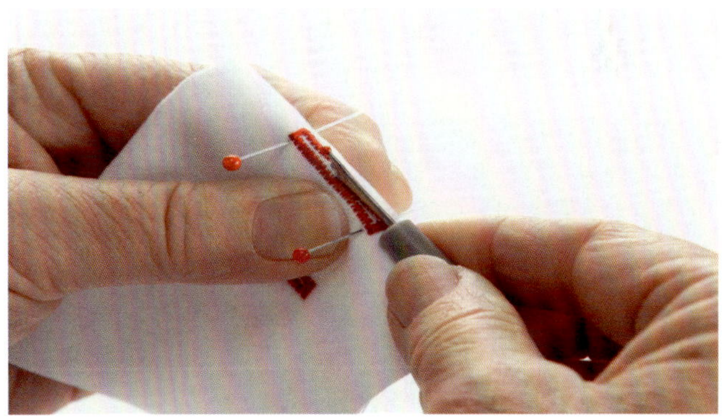

ÜBER- UND UNTERTRITT

Über- und Untertritt sind Mehrweiten, die man benötigt, um etwas mit einem Verschluss (z.B. Reißverschluss oder Knopf) zu schließen. Am Hosenbund verdeckt der Übertritt häufig den Reißverschluss, beim Blouson (siehe Seite 162) liegt der Untertritt unter dem Reißverschluss.

REISSVERSCHLUSS EINNÄHEN

Bei Röcken oder Kleidern wird überwiegend der nahtverdeckte Reißverschluss eingesetzt, bei dem am Ende keine Stepplinien zu sehen sind.

1 Bei beiden Stoffteilen die Mittellinien sowie das Schlitzende auf der rechten Stoffseite markieren. Den Reißverschluss öffnen und eine Bandhälfte rechts auf rechts so auf die Nahtzugabe heften, dass die Zähnchen genau auf der Mittellinie liegen, dabei das untere Reißverschlussende 2 cm überstehen lassen. Den Reißverschlussfuß so einsetzen, dass die Kerbe an der Fußunterseite über die Spirale gleiten und die Nadel ganz knapp neben der Spirale einstechen kann. Den Reißverschluss von oben nach unten bis zum markierten Schlitzende feststeppen.

2 Danach die andere Reißverschlusshälfte beim zweiten Stoffteil genauso einnähen.

3 Den Reißverschluss schließen. Die Naht unterhalb des Reißverschlusses steppen, dazu den normalen Reißverschlussfuß einsetzen. Vom Reißverschlussende nach unten nähen, dabei das Bandende vorsichtig zur Seite ziehen, damit sich das erste Stück besser nähen lässt. Zwischen Reißverschluss-Einsteppnaht und der Mittelnaht bleibt eine kleine Lücke von ca. 3 mm offen.

4 Zuletzt die Bandenden in Längsmitte auf den Nahtzugaben feststeppen, damit sie flach liegen, den Oberstoff dabei nicht mitfassen.

5 So sieht der eingenähte Reißverschluss von rechts aus.

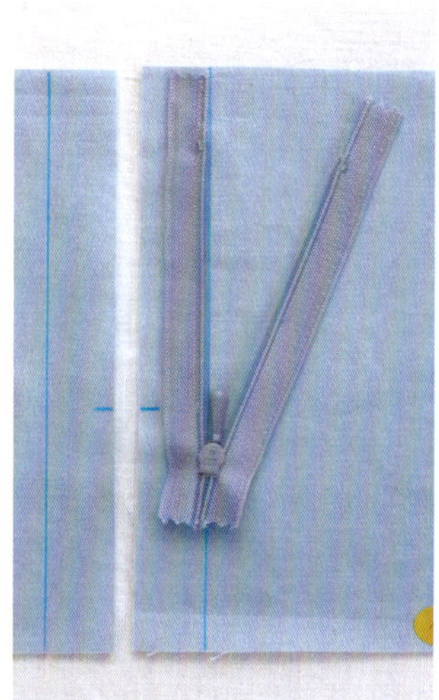

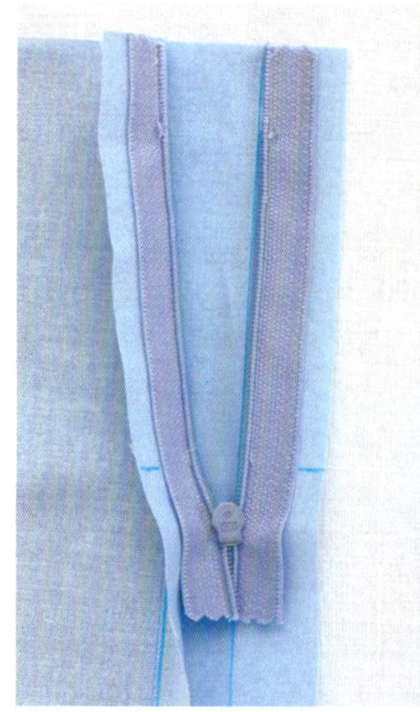

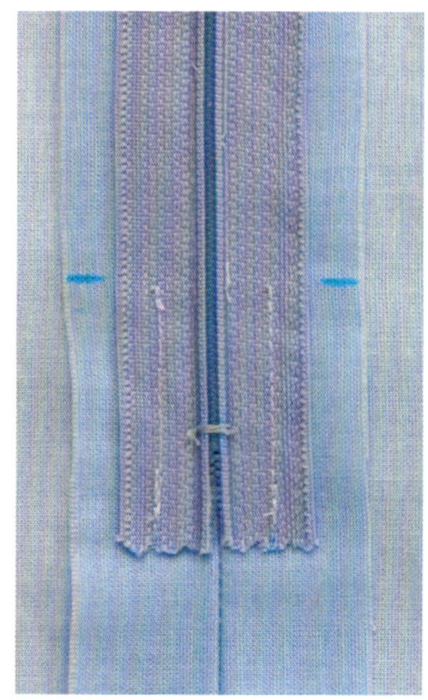

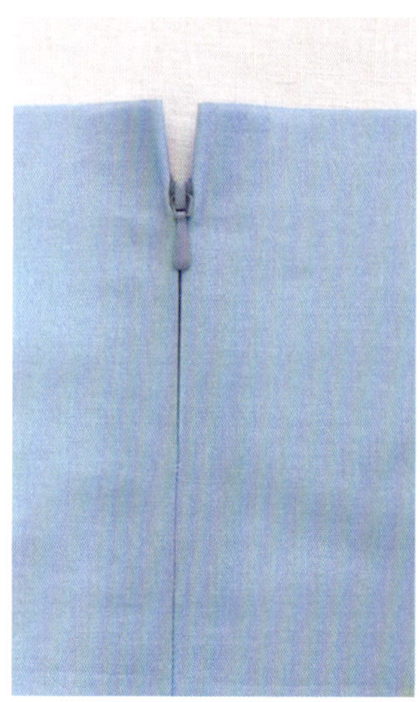

REISSVERSCHLUSSTASCHE

1 Um einen Reißverschluss in einen Tascheneingriff einzunähen (siehe Blouson, Seite 101), wird der Tascheneingriff zunächst auf der linken Stoffseite mit Vlieseline verstärkt.

2 Anschließend den Taschenbeutel entlang der Nahtlinie für den Tascheneingriff in Form eines Rechtecks gemäß Markierung im Schnittmuster rechts auf rechts aufnähen. Mit einer kleinen spitzen Schere den Tascheneingriff entlang der Schlitzlinie bis etwa 1 cm vor den Enden aufschneiden und schräg zu den Ecken hin einschneiden, sodass kleine Dreiecke entstehen.

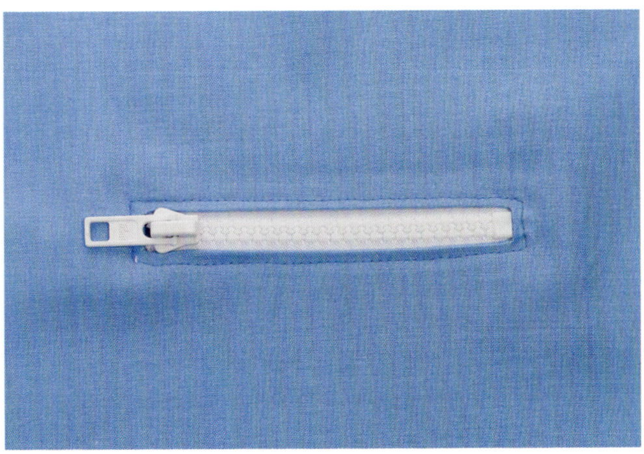

3 Das Beutelteil durch den Einschnitt zur linken Seite ziehen und bügeln. Den Reißverschluss von unten an die Eingriffkanten heften und von rechts schmal absteppen.

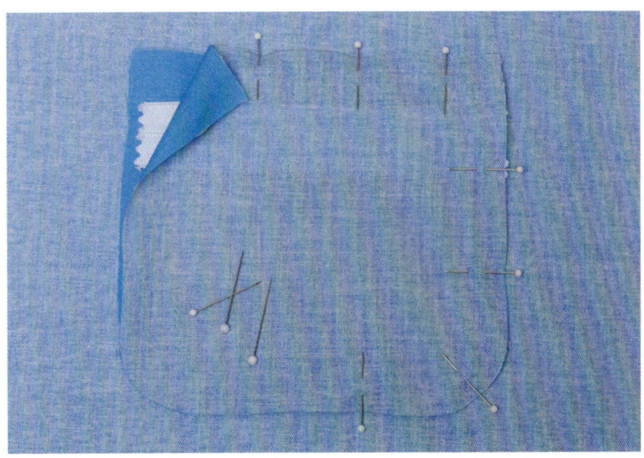

4 Das zweite Beutelteil rechts auf rechts auf das erste stecken und ringsum zusammensteppen.

Buchempfehlungen für Sie

TOPP 6453
ISBN 978-3-7724-6453-9

TOPP 6467
ISBN 978-3-7724-6467-6

TOPP 6976
ISBN 978-3-7724-6976-3

TOPP 6455
ISBN 978-3-7724-6455-3

TOPP 6490
ISBN 978-3-7724-6490-4

TOPP 6468
ISBN 978-3-7724-6468-3

TOPP 6450
ISBN 978-3-7724-6450-8

TOPP 6451
ISBN 978-3-7724-6451-5

TOPP 6486
ISBN 978-3-7724-6486-7

Kreativ-Bücher finden Sie auf www.TOPP-kreativ.de

KARIN ENGEL-DINGELSTAEDT

Schon als kleines Mädchen schaute Karin Engel-Dingelstaedt ihrer Oma über die Schultern wenn diese für sie Kleider nähte. Neugierig durchstöberte sie Nähzeitschriften und begeisterte sich für allerlei Handarbeiten. Die Entscheidung für eine Schneiderlehre war daher nur konsequent. Der nächste Schritt war die Meisterprüfung, die – kurz nach der Wende bestanden – direkt in die Selbständigkeit führte. Mit viel Hingabe widmete sie sich lange ihren Kunden und perfektionierte ihre Schneiderkunst. Doch nach immer neuen Veränderungen strebend, hat sie sich vor einiger Zeit der digitalen Schnittmuster Entwicklung verschrieben. Die immer neu entstehenden Schnittmuster vertreibt sie über einen Online-Shop. Da sie ihr Wissen auch gern in diversen Nähkursen weitergibt, erfährt sie auf direktem Wege Probleme und Wünsche vieler Hobbynäher/-innen. Diese Erfahrungen fließen in ihre Schnittmuster ein und machen diese zu einer wahren Fundgrube für Hobbynäher.

Sollten Fragen zu den Schnittmustern oder den Nähanleitungen auftauchen, fragen sie nach! Unter „Kontakt" im Online-Shop www.engels-schnitt.de finden Sie verschiedene Möglichkeiten sich mit Frau Engel-Dingelstaedt in Verbindung zu setzen.
Das Arbeiten an diesem Buch und die gute Zusammenarbeit mit den Mitarbeitern des frechverlags war eine tolle neue Erfahrung. Danke!

Wir danken der Firma Nähzentrum Senci für die Unterstützung und Beratung bei der Materialauswahl für dieses Buchprojekt.

DER FREISCHALTECODE FÜR VIDEOS IM DOWNLOADCENTER LAUTET: 14182

IMPRESSUM

Fotos: frechverlag GmbH, Turbinenstraße 7, 70499 Stuttgart; Foto Seite 6-7 fotolia. com/Mile; Foto Seite 53 fotolia. com/290712; Foto Seite 108-109 fotolia. com/luanatentzi
DESIGN, SCHNITTE UND ANLEITUNGSTEXTE: Karin Engel Dingelstaedt (Seite 6-107)
TEXTE: Brigitte Friederike Binder, Jutta Kühnle, Karin Roser (Seite 110-125)
Lektorat: Christine Schlitt
Produktmanagement: Franziska Schmidt
Layout, Grafik, Satz: Katrin Röhlig
Druck: Neografia, Slowakei

Hilfestellung zu allen Fragen, die Materialien und Kreativbücher betreffen: Frau Erika Noll berät Sie. Rufen Sie an: 05052/911858*
*normale Telefongebühren

1. Auflage 2017

ISBN 978-3-7724-6474-4
Best.-Nr. 6474